Le miracle du réconfort

De la même autrice

Kant tu ne sais plus quoi faire… il reste la philo,
Flammarion|Versilio, 2018.

Descartes pour les jours de doute,
Flammarion|Versilio, 2019.

Le Voyage de Pénélope,
Flammarion|Versilio, 2020.

Les Chemins du possible,
Flammarion|Versilio, 2021.

Une année de philosophie,
Flammarion|Versilio, 2022.

Marie Robert

Le miracle du réconfort

Flammarion|Versilio

ISBN : 978-2-0804-5303-7

À mon frère, mon réconfort.
Et aux menschen que j'ai la chance
d'avoir dans ma vie.

« Je ne peux pas continuer. Je vais continuer. »
Samuel Beckett, *Fin de partie*

« Dans toutes les larmes s'attarde un espoir. »
Simone de Beauvoir,
Mémoires d'une jeune fille rangée

« Nothing really matters,
Love is all we need. »
Madonna, *Nothing Really Matters*

Avant-propos

Il y a des matins où le ciel semble plus bas que les autres jours, et ceux où nos mains peinent à trouver leur chemin. Il y a des aubes où tout ce qui nous entoure semble vain, où l'avenir n'a pas d'autre ambition qu'un funeste horizon. Il y a des mélancolies qui se dessinent dans les sourires. Il y a des tristesses d'un monde à venir. Il y a les absents et les disparus. Il y a les angoisses qui inondent les taies d'oreillers. Il y a les frustrations qui dévorent. Il y a les douceurs qui nous manquent. Il y a les petites peines inavouables et les grands démons intérieurs. Il y a la complexité de la société et la brume épaisse de nos vies. Il y a les soirs de défaite et les dimanches nauséeux. Il y a les drames immenses et les dépressions blanches. Il y a les hontes minimes et les grands tollés.

Je crois que nous avons tous, au plus profond de nos cœurs, un absolu besoin de réconfort. Le besoin de bras pour y déposer nos larmes et d'écoute sans réponse pour libérer nos cris. Dans l'épaisseur de nos privilèges ou dans l'aridité de nos douleurs, chacun cherche, comme il peut, avec les outils dont il dispose, à rendre un peu plus supportable cette odyssée, qui un jour commence, un autre s'achève, et qui entre-temps nous laisse si souvent hagards, perdus au milieu des eaux.

D'aussi loin que je me souvienne, voilà ce que j'ai toujours voulu être : philosophe du réconfort. Et continuer, modestement, avec l'humilité qu'il faut pour prendre soin de l'esprit des gens, à tenter, tant bien que mal, de redonner de la force morale, et de faire du courage et de l'espoir d'heureuses possibilités.

C'est ce que je vise dans ce livre. Ni une leçon ni une méthode, mais plutôt un tremplin pour raviver nos joies en observant ce qui autour de nous en vaut encore la peine. Je suis donc partie en quête de tous les fragments, de tous les espaces, de toutes les notions qui dans les moments douloureux de nos existences nous tiennent debout, nous ramènent à l'action, à la douceur, à notre force vitale, et au courage. Ces pages sont une exploration.

Ces neuf chapitres n'ont rien d'exhaustif, mais ils sont chacun une invitation à relever la tête, ils sont une exploration pour les heures sombres, un carnet de voyage à garder auprès de soi lorsque tout tangue. Au fond, ces neuf chapitres n'ont pas d'autre volonté que de nous rappeler tout ce qui peut donner du sens à nos vies.

Chapitre 1

VOIR LA BEAUTÉ PARTOUT

Pourquoi le beau nous soigne ?

« Votre œil me fait un été dans mon âme. »

Pierre de Ronsard

C'est une petite fille arborant fièrement une poignée de cerises, une nature morte s'exposant en silence, une jeune mère serrant dans ses bras un enfant, ou encore le corps de deux hommes épuisés par l'effort. Ce sont des œuvres qui traversent les siècles et racontent notre histoire, celle intime des personnages qu'elles dévoilent et celle collective des vies qui nous précèdent. Dans leur cadre, il est question d'amour, de saison, de femmes, de la Seine ou même de palais d'Orient. Ce sont des tableaux de Russell, de Courbet, d'Arcimboldo, du Caravage ou de Murillo. C'est parfois lumineux, d'autres fois plus sombre. Il s'agit en somme d'une série de peintures qui appartiennent à ce que l'on nomme l'« art », et cela n'aurait rien de surprenant si, au lieu d'être réunies dans l'espace solennel d'un musée, ces toiles, ou plutôt leurs copies, savamment reproduites, n'étaient pas accrochées dans des chambres d'hôpital.

Car voilà l'idée singulière proposée par le premier musée de France depuis 2013 : faire entrer le Louvre à l'hôpital. Le principe est aussi simple qu'étonnant. Le musée du Louvre et l'Assistance publique-Hôpitaux de Paris s'associent pour offrir aux patients, à leurs familles et au personnel hospitalier, le plaisir de contempler des œuvres d'art, comme une sorte d'échappée, une parenthèse hors du quotidien. La sélection des deux cents œuvres ne s'est pas faite au hasard : un comité d'experts réunissant psychiatres et gériatres s'est prononcé sur l'impact que pouvaient avoir certains tableaux. Conversations, conférences, formation de l'équipe soignante, choix conscient et volontaire du patient, installation des œuvres dans le paysage familier de la chambre, etc. Les facettes sont nombreuses et le projet ambitieux se décline en différents volets, ainsi que dans plusieurs établissements, avec, à chaque fois, la même ambition, celle d'améliorer la qualité de vie du patient.

L'enjeu est bien là. Loin d'être un programme simplement décoratif, le fil conducteur de toute cette initiative est de « faire du bien », d'apporter ce qu'il faut d'apaisement, de réconfort, de douceur et d'émotions à ceux qui en vertu de leur situation en ressentent le besoin. Contempler un tableau, qu'on le connaisse ou non, permet de partager des souvenirs, d'abolir la distinction soignant-soigné, de créer une respiration, mais aussi et surtout d'être possiblement touché par le beau. Quel curieux vertige, dans un monde de traitements, de défaillances, de douleurs et de pertes, dans un monde d'urgence, d'aridité, de fatigues et d'empêchements, d'avoir l'opportunité d'être frappé par le beau, le beau comme facteur de soin, le beau comme thérapie, le beau comme une caresse sur nos meurtrissures. Le Louvre à l'hôpital met le doigt sur l'une des interrogations les plus fascinantes qui soit lorsqu'on commence à réfléchir au réconfort. À quel point le beau peut-il faire du bien ? Pourquoi nos yeux se plissent-ils, notre respiration change-t-elle, notre peau frissonne-t-elle au contact de la beauté ? Qu'importe que nous ayons face à nous une toile du Louvre, un bord de mer, un simple rayon de soleil sur un coin d'étagère ! Sans même nous en apercevoir, le beau nous soigne.

Je me souviens, il y a quelques années, d'avoir proposé un atelier de philosophie à de jeunes enfants. Au fil de la séance, je leur avais demandé de montrer ou de décrire quelque chose qu'ils trouvaient beau et d'expliquer pourquoi. Au bout d'un court instant, une petite fille avait sorti de sa poche un trombone, un banal trombone. Elle l'avait présenté sur la paume de sa main comme un précieux trésor : « Ça, c'est beau et le regarder me rend heureuse ! » Plutôt que de répondre par des critères, plutôt que de rendre son choix rationnel, dans un seul mouvement, elle avait exprimé l'effet que la beauté du trombone produisait sur elle. Ce banal trombone, que nous aurions été si nombreux à perdre ou à ignorer, était pour elle une source de bonheur. J'avais été particulièrement bouleversée par son intervention, par sa façon de regarder le monde, par cette puissance joyeuse dissimulée dans un simple fil de fer. Que peut-il y avoir de commun entre un tableau de John Russell et un trombone ? Quel miracle aide un patient de l'hôpital et une petite fille dans une salle de classe à se sentir mieux ? Comment se fait-il que le beau puisse nous élever, nous enchanter, nous soigner ? Le comprendre, le conscientiser, n'est-il pas la première clé de notre exploration vers un peu plus de réconfort ? Et si voir le beau nous aidait à appréhender nos vies autrement ?

Se laisser surprendre par la beauté

L'adjectif « beau » et le nom « beauté » dérivent du latin *bellus*, diminutif familier de *bonus*, qui signifie « joli », « charmant ». La beauté peut se rencontrer sous des formes variées. Dans la nature, à travers un coucher de soleil par exemple, dans des objets, dans des corps, etc. La beauté est multiple et se faufile partout. Au sens large, elle est donc ce qui nous plaît, ce que l'on trouve admirable. Cela semble facile, n'est-ce pas ? Ainsi définie, la beauté pourrait simplement être entendue comme l'alchimie de la rencontre entre un sujet et un objet. Son antonyme le plus évident est la laideur, mais aussi, par extension, tout ce qui nous laisse indifférents, tout ce qui, littéralement, ne retient pas notre admiration. Le beau vient ajouter quelque chose. Il n'est pas juste un « agrément », il est une appréciation profonde, une apparition marquante qui vient chercher notre émotion.

L'histoire de la pensée, et celle de la philosophie en particulier, a souvent interrogé la beauté du point de vue de ses critères, se demandant de quelle manière une chose pouvait devenir belle ou pouvait être qualifiée comme telle. Ma perspective ici n'est pas d'en faire un résumé exhaustif ; cependant, il est intéressant de remarquer que les philosophes ont longtemps pris comme point de départ la question de la définition : « Qu'est-ce que le beau ? » Chez Platon, le Beau, *kalon* en grec, désigne tout ce qui est harmonieux, c'est-à-dire tout ce dont les différentes parties ne sont pas associées de manière effrayante ou ridicule. La belle chose est aussi la chose bonne, plaisante et avantageuse. La beauté, chez lui, est une forme de bonté.

Dans ses *Confessions*, saint Augustin à son tour s'interroge sur la beauté. Pour lui, la beauté véritable n'est pas celle des artistes, elle est une définition même de Dieu, l'un de ses noms propres. Les notions traditionnelles qui servaient à penser le beau, comme le volume, la symétrie, les lignes, les couleurs, sont déconsidérées car elles ne parviennent pas à rendre compte des êtres incorporels et de leur origine divine.

Ces exemples ne sont que deux parmi tant d'autres, mais ce qui est intéressant d'en retenir, c'est que la beauté est pensée en fonction d'une définition et non de l'impact qu'elle a sur nous. Cette voie d'accès est-elle pertinente dans notre compréhension du beau comme réconfort ? Est-ce qu'un trombone passerait à travers les filets de Platon ? Sans doute pas, précisément parce que lorsqu'on dit d'une chose qu'elle est belle, lorsqu'on s'émerveille face à un tableau dans une chambre d'hôpital, lorsqu'on s'émeut devant un champ enneigé un matin d'hiver, nous ne le faisons pas en fonction d'une liste de critères, nous l'exprimons souvent « sans réfléchir ». Et c'est cette absence de réflexion qui permet de comprendre pourquoi le beau nous soigne.

L'émotion esthétique ne ressemble à aucune autre. Elle vient nous cueillir. Elle agit par surprise. Elle vient se glisser là où rien ne la commande. Bien sûr, on peut la rechercher, on peut se rendre dans un musée, on peut essayer de composer une jolie table, on peut ouvrir les yeux durant une promenade, mais malgré cela, rien ne peut garantir qu'elle va surgir. À l'inverse, on peut être frappé par elle, là où rien ne la présuppose. Elle s'impose, parfois même dans le drame, parfois même lorsque tout semble éteint.

Dans ses *Cinq méditations sur la beauté*, l'académicien François Cheng décrit avec finesse cet assaut : « On ne manque pas d'être frappé d'étonnement : l'univers n'est pas obligé d'être beau et pourtant il est beau. » L'émotion esthétique se caractérise par sa gratuité, par cette évidence qui exige, au moment même où nous la formulons, notre pleine présence. Le philosophe Charles Pépin pose lui aussi des mots puissants sur ce que nous fait la beauté dans un texte incontournable, *Quand la beauté nous sauve* : « La beauté a le pouvoir de nous arrêter dans notre hâte de la vie », écrit-il. Et si c'était ce temps d'arrêt, ce kidnapping de notre attention, ce jaillissement qui nous soignait ? Comment cette émotion esthétique parvient-elle à faire un tel tour de force dans notre cœur et notre corps ? Pour continuer notre cheminement, nous devons nous adresser à un géant de l'histoire de la philosophie, à l'une de ces figures qui ont révolutionné notre regard, notre cher Emmanuel Kant.

Kant et la liberté du beau

Si ce chapitre lui laisse la part belle, c'est que le philosophe allemand Emmanuel Kant est celui qui va le plus profondément analyser la spécificité de l'émotion esthétique. Avant lui, l'anglais David Hume avait déjà proposé de dépasser les critères du beau. Dans son essai *Traité de la nature humaine*, publié en 1740, Hume expliquait que « la beauté est uniquement déterminée par le plaisir », et qu'à l'inverse, la laideur est associée à la douleur. Au diable les normes, le petit, le grand, le symétrique ou le lumineux, chez lui c'est la sensation qui est reine. La beauté, dans sa pensée, n'est pas une qualité objective qu'on trouverait dans les choses, mais une qualité relative à un individu donné. Si la beauté nous réconforte, c'est parce qu'elle nous procure du plaisir. Si ce trombone est beau, c'est parce que la petite fille le ressent comme tel.

Nous pourrions nous arrêter là. Chacun trouvant dans la beauté ce qui lui fait du bien. Mais Kant va nous offrir un regard qui va plus loin que le relativisme et l'idée du simple plaisir. Dans sa *Critique de la faculté de juger*, publiée en 1790, il décortique avec une rigueur sans faille ce qui se passe quand on porte un jugement de goût. Pourquoi dire « c'est beau » ne ressemble à aucune autre parole ? Pour le saisir, prenons nos autres jugements. Lorsqu'on dit que quelque chose est « bien », on le fait en vertu de critères moraux ; lorsqu'on dit que quelque chose est « bon », on l'exprime en vertu de nos sens ; lorsqu'on dit que quelque chose est « vrai », on tranche en s'appuyant sur notre raison. À chaque fois, on applique un raisonnement qui nous permet de parvenir à ce jugement.

Le bien, le bon, le vrai sont des exemples de jugements que Kant nomme « déterminants ». On estime qu'une chose est bonne parce qu'on connaît le concept de bon, parce que notre sensibilité sait reconnaître, dans quelque chose de particulier, l'universalité du « bon ». Si je juge que ce gâteau au chocolat est bon, c'est parce que j'ai déjà en tête ce qu'est le « bon » et que ce gâteau en est une manifestation. Le « jugement déterminant », parce qu'il se fonde sur l'application d'une règle générale, expose une connaissance. C'est comme si nous avions dans notre esprit et dans notre sensibilité un gros catalogue qui nous aide à établir tout un tas de jugements, et c'est d'ailleurs ce que nous faisons une bonne partie de la journée. Nous passons en revue la réalité pour en dire des choses et prendre des décisions à son sujet. On traite des données, on tranche, on arbitre. C'est bien ou mal. C'est rouge ou bleu. C'est bon ou mauvais. C'est audacieux ou frileux. Nos perceptions travaillent avec notre réflexion pour en tirer quelque chose. C'est un « travail » parce qu'il faut faire un « effort » pour trancher. Certes, nous n'avons pas l'impression de fournir un effort intense lorsque nous disons qu'une action est bonne et pourtant, sans forcément nous en apercevoir, c'est épuisant de sans cesse jongler avec des critères.

À l'inverse, que se passe-t-il quand nous disons que quelque chose est « beau » ? Que se passe-t-il quand cette petite fille brandit avec fierté son trombone ou que cette femme souffrante dans son lit d'hôpital s'émeut face à un tableau ? Toutes deux émettent sans le savoir ce que Kant nomme un « jugement réfléchissant ». Les termes peuvent vous sembler complexes mais en réalité ils désignent quelque chose d'assez clair. Lorsqu'on trouve quelque chose de « beau », il n'y a pas de lutte, de réflexion, de critère, de travail, il n'y a que cet incroyable et miraculeux plaisir esthétique qui nous envahit. Le beau nous fait quelque chose, il a une action sur nous. Soudain, dans le jugement esthétique, la raison et la sensibilité sont en harmonie : elles ne travaillent pas ensemble, mais jouent ensemble. Elles nous offrent un inestimable répit. Il n'y a pas à trancher, pas à peser le pour ou le contre, pas à douter, nous sommes libres de trouver beau ce que nous trouvons beau. Quel luxe dans cette vie où nous sommes si souvent face à la complexité ! Nous pouvons nous faire confiance et laisser l'harmonie agir sur nous. Dans le « jugement déterminant », nous partons du général pour l'appliquer au particulier. Dans le « jugement réfléchissant », c'est l'inverse, nous partons du particulier pour connaître le général. Je ne trouve pas quelque chose de beau parce que, dans mon catalogue, je sais ce qu'est le beau. Je trouve ça beau parce que ça me fait quelque chose, parce que je suis dans l'instant présent, les yeux ouverts sur le monde.

Trouver qu'un trombone est beau ne relève pas de la logique, mais du lien qui s'établit entre le trombone et la petite fille. Le jugement de goût est une relation. Cette particularité des « jugements réfléchissants » peut expliquer le caractère thérapeutique de la beauté. En nous exclamant face à quelque chose de beau, nous sommes temporairement en paix. Souvenez-vous de toutes les fois où vous avez prononcé cette phrase : « Oh que c'est beau ! », que ce soit en voyant un paysage ou un tableau, en écoutant une musique ou en observant les ailes irisées d'un scarabée, souvenez-vous de l'état de bien-être que vous avez pu ressentir. Voilà pourquoi, comme le dit si justement Charles Pépin, la beauté nous sauve. Elle est une parenthèse de douceur, de liberté, de réconfort dans nos existences.

Mais pour que la magie opère, encore faut-il qu'il s'agisse véritablement d'un « jugement réfléchissant », que ce soit un jugement de goût dénué d'autres perspectives. Pour nous aider à les repérer, Kant recense plusieurs de leurs caractéristiques. D'abord, le beau doit faire l'objet d'une satisfaction désintéressée, contrairement au jugement pratique. En somme, je ne trouve pas quelque chose de beau parce que cela m'est utile. Si je pleure d'émotion devant une toile de maître, ce n'est pas parce que je veux en faire un papier peint élégant pour mon salon ou que je veux passer pour quelqu'un de raffiné auprès de mon nouvel amoureux. Je n'ai pas d'intérêt à trouver cela beau.

Ensuite, nous dit Kant, le beau est ce qui plaît « universellement sans concept ». C'est-à-dire, comme nous l'avons vu, le beau ne fait pas référence à une connaissance, à une idée du beau qu'on a déjà. Ici, il n'est pas question de trouver quelque chose de beau parce qu'on a suivi des cours d'histoire de l'art et qu'on est devenu spécialiste d'une période. Lorsque les malades profitent des œuvres dans l'initiative du Louvre, ce n'est pas par amour pour le peintre, que les patients ne connaissent pas forcément, mais en vertu de la toile. Mais ensuite, pourquoi dire « universellement » si justement c'est quelque chose qui ne concerne que nous ? C'est parce que, quand je trouve quelque chose de beau, cela correspond à une forme d'intuition, simplement fondée sur ma relation à l'œuvre ou à l'objet. Cependant la force inouïe de cette intuition est qu'elle est susceptible d'être partagée et discutée. Ce que je trouve beau peut toucher d'autres gens, peut potentiellement devenir universel. De là vient aussi notre envie de partager la beauté, de montrer aux autres ce qu'on trouve beau, de les inviter eux aussi à jouir de ce moment.

Reste encore une caractéristique pour apprendre à reconnaître les jugements réfléchissants. Le beau est également « sans finalité », c'est-à-dire qu'il ne sert pas à comprendre le message de l'artiste ni à réduire le beau à l'expression de quelque chose de vrai ou de bien. Ce qui fait la puissance du jugement de goût, sa force si précieuse, c'est que le beau se suffit à lui-même. Il n'a pas besoin de connaissance, de validation, de références culturelles, d'utilisation, de cadre, de critères. Le beau est beau ! Voilà sa prouesse, voilà son enchantement. Le corps et ses perceptions se relient à l'esprit, pour nous offrir un instant de sérénité.

Kant, aussi strict soit-il dans son exigence, aussi complexe soit la rigueur de sa pensée, nous offre à travers cette réflexion sur le beau un immense cadeau. « Le goût est la faculté de juger et d'apprécier un objet ou un mode de représentation par une satisfaction ou un déplaisir, indépendamment de tout intérêt. On appelle beau l'objet d'une telle satisfaction », écrit-il dans *Critique de la faculté de juger*. Quel privilège, dans un monde aride, que d'accéder à une satisfaction pure, gratuite, libre et harmonieuse. On saisit aisément l'aspect réconfortant d'une telle perspective et ce qu'elle soigne en nous. Et c'est précisément ce soin dispensé par le beau qui, deux siècles après Kant, va intéresser les neurosciences. Car les neurologues, forts de ces constats philosophiques, vont tenter de définir ce qui se passe concrètement dans notre tête face à la beauté. Comment cette harmonie se traduit-elle dans nos circuits cérébraux ?

Les neurosciences et l'empathie esthétique

C'est un soleil de printemps qui éclaire notre visage. Tout est calme et paisible autour de nous. Pour une fois, nous avons le temps de nous installer confortablement et de nous plonger dans un livre. On se laisse prendre par l'histoire, et puis soudain, au détour d'une page, un paragraphe nous touche particulièrement. On est si ému qu'on se sent en communion avec les mots. Ce phénomène a un nom, il se nomme l'« empathie esthétique ». Après la stimulation des zones sensorielles appropriées par la lecture, notre cerveau se comporte comme si le texte ou les personnages en avaient pris possession. Le phénomène est identique si l'on écoute une musique ou si l'on admire une œuvre. Nous les ressentons de l'intérieur. Le neurologue Pierre Lemarquis, dans son ouvrage phare intitulé justement *L'Empathie esthétique*, décrit ce fonctionnement ainsi : « Il ne s'agit pas d'un simple phénomène en miroir, mais d'une véritable modification de nos circuits neuronaux sculptés par les œuvres pouvant aboutir à des processus émergents, une nouvelle vision de soi et du monde, le tout, c'est-à-dire l'œuvre, le spectateur et les liens tissés entre eux étant plus que la somme des parties. Il s'agit d'un art de la mémoire poussé à l'extrême puisque le créateur via son œuvre vit à nouveau dans le cerveau du spectateur qui assumera sa quête d'éternité en l'incorporant, le nourrissant de sa propre chair comme un nouveau-né. » Ce qu'il faut saisir, c'est qu'en lisant ce paragraphe, tranquillement isolé sous les rayons de notre soleil de printemps, nous devenons les mots que nous venons de lire et l'œuvre vit à travers nous. Nous agrandissons notre univers. Les œuvres ouvrent des espaces autour de nous et bousculent nos temporalités. À l'instant où nous en jouissons, nous sommes ce passage de Tolstoï, cette toile de Russell, cette musique de Beethoven. Qu'importe le flux des siècles, nous vivons à travers elles et nous continuons à les faire vivre. Le plaisir esthétique, analysé ici à travers l'empathie, nous permet d'entrevoir quelque chose de plus grand que nous.

C'est aussi l'empathie esthétique qui, par exemple, explique pourquoi lire des romans n'est pas qu'un plaisir solitaire, au contraire. Pour la philosophe américaine Martha Nussbaum : « la littérature est une extension de la vie, non seulement horizontalement, mettant le lecteur en contact avec des événements ou des lieux ou des personnes ou des problèmes qu'il n'a pas rencontrés en dehors de cela, mais également, pour ainsi dire, verticalement, donnant au lecteur une expérience qui est plus profonde, plus aiguë et plus précise qu'une bonne partie des choses qui se passent dans la vie ». Les réseaux du cerveau utilisés pour comprendre les histoires se mêlent à ceux qui sont impliqués dans nos interactions sociales. Les désirs, les gouffres, les triomphes des personnages éclairent les nôtres, nourrissent notre quotidien. Idem à travers les autres supports, face au beau nous gagnons, non seulement en liberté et en harmonie, comme nous l'évoquions aux côtés de Kant, mais aussi en épaisseur, en subtilité, en amplitude émotionnelle.

L'œuvre est vivante face à nous. Et cette palette d'émotions, ainsi déployée, provoque une foule de réactions chimiques dans notre cerveau. Le beau nous fait sécréter de la dopamine, l'hormone du plaisir, de la sérotonine qui agit comme un régulateur d'humeur, de l'endorphine, qui nous aide à nous sentir bien, et de l'ocytocine, responsable du sentiment d'attachement et d'amour. Ce cocktail miraculeux vient caresser notre cerveau et agit comme un véritable médicament. Ces substances, fondamentales pour notre existence, jaillissent au contact du beau.

Ces découvertes ont été prises en compte par l'Organisation mondiale de la santé, qui a publié, en 2019, un rapport basé sur neuf cents articles scientifiques. Les chercheurs ont réparti les formes d'art en cinq catégories : arts visuels, arts de la scène, culture (musées, festivals), arts numériques, littérature. Dans toutes ces catégories, les résultats sont positifs et témoignent de l'impact effectif de l'art sur notre santé. Les arts, et le beau qu'ils véhiculent, apportent une aide psychologique, mais aussi physiologique, sociale et comportementale, en procurant une sensation de bien-être.

Promouvoir l'art dans les hôpitaux, dans les écoles, dans les prisons, et plus généralement dans l'ensemble des espaces publics, n'est donc pas un sujet mineur, une lubie marketing ou communicationnelle, c'est à l'inverse un enjeu philosophique et politique d'ampleur, qui impacte notre santé mentale et notre vivre-ensemble. Car, au fond, il est important de souligner que le réconfort apporté par le beau est double : à la fois tourné vers nous-même, à travers l'harmonie qu'il confère et la caresse neuronale qu'il dispense, le beau est aussi un tremplin pour nous réconforter avec les autres. Kant le soulignait dans cette idée d'universalité et du beau qui se partage. Les neurosciences l'appréhendent elles aussi à travers l'idée que l'art affine notre compréhension d'autrui. Cependant, il y a peut-être une idée plus riche encore : la perspective de faire du beau le signe de notre humanité, le ciment même de nos liens.

La beauté, signe de notre humanité

Qui a déjà connu ce moment de grâce, lors d'un concert par exemple ? Le temps d'une chanson, tous les spectateurs vibrent à l'unisson. Le refrain démarre et, en chœur, des milliers d'individus, qui ne se connaissent pas, reprennent ensemble les mêmes paroles. Qu'importe qui ils sont, ce qu'ils font, d'où ils viennent, ils vivent ces minutes « en commun », ils jouissent d'un instant de vibration semblable à aucun autre. Ces fragments d'union collective sont rares, mais ils traversent les époques et les civilisations. On les retrouve parfois dans la danse, dans des hommages nationaux, dans les cérémonies religieuses. Les objectifs et les contextes diffèrent certes, mais l'enjeu général est de se relier, et à travers ce lien, de renforcer ce socle grâce auquel nous pouvons faire groupe, faire équipe, et, *in fine*, faire société. Partager ce type d'expériences nous fait du bien. Notre humanité frisonne, grâce au beau que la musique, les textes, la chorégraphie véhiculent.

Dans certaines cultures, ce recours au beau pour soigner l'individu que nous explorons depuis le début de ce chapitre est porté par l'ensemble de la société, non seulement en d'heureuses occasions mais également au sein même du fonctionnement sociétal. C'est le cas chez les Navajos, qui vivent aux États-Unis, principalement au sein de la Nation navajo, située entre le nord-est de l'Arizona, le nord-ouest du Nouveau-Mexique et le sud-est de l'Utah. Il y aurait beaucoup à dire sur leur mode de vie mais l'un des points les plus captivants de leur culture est sans doute la manière dont il intègre la beauté à leur système de soins. Les Navajos systémisent la notion d'art thérapeutique. Pour eux, les termes « santé » et « beauté » se rejoignent. Le concept de *Hozho* décrit l'harmonie ; c'est elle que la maladie vient perturber.

Le principe des cérémonies *Hozhooji* est de la rétablir et ainsi d'aller vers la guérison. Ces cérémonies sont accomplies par des chanteurs. Elles sont extrêmement complexes, et par conséquent très difficiles à apprendre pour les novices. Les chanteurs font des peintures de sable et demandent au malade de se placer au centre, avant de chanter autour de lui. Marie-Claude Feltes-Strigler, dans son ouvrage *Beauté cosmique et harmonie sociale chez les Navajo Hozho*, décrit le protocole thérapeutique mis en place : « Il s'agit de parfaitement mémoriser les chants et les prières, car toute faute peut être dangereuse pour le malade, mais aussi pour le chanteur. En plus des chants et des prières, il faut également mémoriser les peintures de sable, ou peintures sèches. Ces cérémonies doivent attirer l'attention des Êtres Sacrés ; si ceux-ci estiment que la cérémonie a été correctement accomplie, en retour, ils guériront le malade. [...] Les rites guérisseurs sont faits pour rendre cet état d'harmonie à ceux qui l'ont perdu. La guérison n'est qu'une conséquence dérivée de ce retour à l'harmonie ; grâce à des rites scrupuleusement respectés, le patient retrouve l'harmonie simultanément dans les domaines physique, mental, spirituel et social. » Dans les zones où vivent les Navajos, ces soins sont souvent remboursés par les assurances médicales, signe de leur efficacité, de leur crédibilité et de leur intégration à la société. Il va de soi que ces cérémonies ne fonctionneraient sans doute pas sur tout le monde, car ce qui les rend si puissantes, c'est qu'elles s'inscrivent dans un contexte culturel global avec lequel il est difficile de résonner si nous n'y avons pas été initiés. Pour les Navajos, le monde que nous connaissons est le seul et le meilleur des mondes. C'est donc aux hommes d'en faire ce qu'ils voudront, l'idéal pour eux, étant une vie longue, équilibrée, harmonieuse, ce qu'ils nomment « une vie de beauté ».

Bien que nous soyons étrangers à cette spiritualité autant qu'à cette organisation sociale, le fonctionnement des Navajos nous soumet une interrogation passionnante. Si nous sommes convaincus que le beau nous soigne, si nous le saisissons philosophiquement et si nous en avons la preuve en neurosciences, alors quelle place lui laissons-nous dans nos vies, dans nos intimités, dans nos sociétés ?

Repensons un instant à cette petite fille, fière de brandir un trombone et d'aller vers ses camarades pour les inviter à en partager la beauté. Sa prouesse, nous l'avons dit, ne résidait pas dans l'objet choisi, mais dans sa capacité de l'avoir déniché sur l'étagère, de l'avoir sorti d'une minuscule boîte. Il n'est pas vain de le répéter une fois encore, la beauté est une façon de regarder le monde, elle est certes portée par les arts, célébrée par les livres, les tableaux, les musiques, les chorégraphies, les films qui la mettent en exergue, mais elle est partout si on apprend à la consacrer et à s'arrêter pour la percevoir. Chaque individu, malgré la dysharmonie qui l'entoure, peut tendre vers cette source de réconfort. Même si nous sommes physiquement limités, même si nous sommes perdus, même si nous nous sentons dans une impasse, nous avons la possibilité de nous raccrocher au beau. Nous avons la possibilité de le ressentir, en fermant les yeux, en imaginant, en captant la délicatesse d'un pli sur notre oreiller, en ouvrant notre fenêtre, en courant au musée. Face à la beauté, nous faisons l'expérience du réconfort, de la pulsion de vie et de l'envie prodigieuse de connexion à autrui. En prendre conscience, c'est devenir un maillon de cette chaîne, et quotidiennement, à force d'éclats dans le terne, parvenir à rendre ce monde plus harmonieux et plus doux, comme une poignée de cerises dans la main d'un enfant.

En bref, pourquoi le beau nous réconforte ?

- Parce que le beau nous sort des conflits.
- Parce que le beau nous libère.
- Parce que le beau donne confiance.
- Parce que le beau restaure l'harmonie.
- Parce que le beau fait naître une jolie chimie dans notre cerveau.
- Parce que le beau réconcilie le corps et l'esprit.
- Parce que le beau nous invite au présent et nous relie à l'éternité.

Bibliographie

François Cheng, *Cinq méditations sur la beauté*
Emmanuel Kant, *Critique de la faculté de juger*
Pierre Lemarquis, *L'Art qui guérit*
Charles Pépin, *Quand la beauté nous sauve*
Marie-Claude Feltes-Strigler, *Beauté cosmique et harmonie sociale chez les Navajo Hozho*
Nausica Zaballos, *Le Système de santé navajo : savoirs rituels et scientifiques de 1950 à nos jours*

Chapitre 2

L'AUDACE DE NE PAS BAISSER LES YEUX

Pourquoi l'audace est une forme de cohérence ?

« L'audace a du génie, du pouvoir, de la magie. »

Johann Wolfgang von Goethe

C'est une porte que l'on ferme sans se retourner. C'est une jeune femme qui s'avance sur scène dans un bustier brodé pour crier son ode au culot. C'est un ancien consultant qui décide de réaliser son rêve et de tout quitter pour devenir pilote d'avion. C'est un texto que l'on envoie les doigts tremblants pour révéler son amour sans être assuré de sa réciprocité. C'est un projet qu'on lance dans un contexte économique compliqué. C'est un feu sacré qui crépite au centre de notre ventre, et qui malgré la peur, l'incertitude et le chaos nous pousse vers l'action. C'est l'audace, cette étrange capacité à aller vers ce qui nous terrifie, et qui pourtant deviendra sans doute le socle de nos accomplissements.

Au fond, qui n'a jamais souhaité être audacieux ? Et d'ailleurs, qui n'a jamais fait preuve d'audace pour négocier certains virages de sa vie ? Contrairement à d'autres concepts philosophiques, l'audace n'est pas une notion abstraite et distanciée ; au contraire, elle est au centre de nos existences et habite notre imaginaire collectif. Nous sommes nourris, parfois sans même nous en apercevoir, d'anecdotes et de récits supposés illustrer son panache, sa puissance, son irrépressible folie. Preuve en est, lorsqu'on entre le terme dans un moteur de recherche d'images, on tombe sur des centaines de photos d'individus en train de sauter au-dessus d'une falaise les yeux fermés, avec l'intention de parvenir de l'autre côté. À ces visions d'absurdes sauts dans le vide s'ajoute une célèbre légende urbaine, sans doute tout aussi caricaturale. L'histoire raconte que le sujet « Qu'est-ce que l'audace ? » tomba un jour à l'épreuve du bac de philosophie et que la meilleure note fut décernée à un candidat ayant laissé la première page vierge et écrit, effrontément, au verso de sa copie : « L'audace, c'est ça ! »

Ainsi, qu'il s'agisse d'un saut entre deux falaises ou d'une copie rendue blanche à un examen, l'audace est la plupart du temps présentée comme cette fougue qui nous pousse à faire des choses insensées, irréfléchies, spectaculaires. Mais est-ce si simple ? Est-ce qu'il suffit de fermer les yeux pour s'élancer ? Que faire du risque de s'écraser ? De la peur de mal faire, de la crainte de décevoir, ou pire encore, de se décevoir ? L'audace n'est-elle qu'un synonyme de culot ? De risques qu'on apprend à balayer ? Ces clichés, qui colonisent nos inconscients, correspondent-ils au vécu de nos audaces ? Est-ce que l'humanité se divise en deux catégories, ceux qui ont su être audacieux et ceux qui sont restés lâches ?

D'aussi loin que je me souvienne, l'audace m'a toujours fascinée, sans doute pour ce qu'elle contient d'angoisses et de possibilités, car le plus troublant est qu'elle s'appréhende sur deux versants, dans un va-et-vient qui sans cesse s'immisce au cœur de nos hésitations. Pour ma part, je dois l'avouer, j'ai toujours détesté le changement. Je n'ai pas aimé quitter mes écoles, j'ai rarement déménagé, j'ai mis un temps infini à rompre des relations compliquées, j'ai redouté chaque nouveau projet, j'ai racheté plusieurs Nokia 3310, sans compter toutes les fois où j'ai pesté contre n'importe quelle forme de mises à jour et cela dans toutes les sphères de mon existence. Je fais partie de ces êtres vivants qui n'aiment que les rituels. Ceux pour qui le sol tremble à chaque variation, ceux qui vivent les pertes, même anodines, comme la répétition générale d'un déchirement à venir et ceux qui ne s'habituent jamais aux choses qui finissent. J'ai peur d'être déstabilisée car je crains sans cesse de ne pas être à la hauteur de ces indispensables adaptations. Ce n'est pas de la rigidité, c'est le sentiment aigu que tout, autour de nous, tangue tellement qu'il faut s'arrimer avant que la tempête nous submerge. Alors je laisse mes doigts s'enlacer autour de mes connaissances, de mes habitudes, de mon cercle de sécurité. Et pourtant, malgré cette insupportable fidélité, j'ai la conviction que le changement et l'audace qui lui ouvre le chemin sont les seules options pour tenir bon et conserver ce qui au plus profond de nous compte réellement. Si certains s'interrogent sur la place de l'audace, qui semble si inconfortable, dans un livre sur le réconfort, eh bien c'est précisément ici que se mesure son importance : l'audace nous permet de toujours garder le fil de notre cohérence, elle nous offre la possibilité de nous ajuster. Et si le réconfort cherche à stimuler notre courage, je vais tenter de montrer que l'audace est la mise en pratique de ce courage.

Un jour, dans un salon du livre, mon idole d'enfance, l'autrice Susie Morgenstern m'a regardé droit dans les yeux, comme si elle avait découvert un espace profondément enfoui, et sans aucun lien avec notre conversation elle s'est écriée : « Fonce et tais-toi. » En un uppercut d'audace et de douceur, elle m'avait confronté à l'ultime paradoxe. À l'une des questions les plus dérangeantes qui soit, de celle que l'on aimerait conserver au fond d'un tiroir : à quels changements sommes-nous prêts pour obtenir ce que nous voulons ? Lorsque je parle « d'obtenir », je n'évoque ni la consommation ni ce factice « quand on veut on peut », il s'agit plutôt de nos aspirations profondes. De quelles transformations sommes-nous capables pour les honorer ? C'est ici que l'audace, loin d'être un saut sans mesure, exige en amont la plus vertigineuse des introspections.

Réhabiliter l'audace

Aussi centrale soit-elle dans nos vies, étonnamment, l'audace n'est pas une notion très présente dans l'histoire de la pensée. Du latin *audere*, traduisant littéralement l'idée d'oser, le terme eut jusqu'au XXe siècle une connotation plutôt péjorative. Loin d'être enviable, l'audacieux est souvent perçu comme celui qui fait preuve d'imprudence, celui qui ne mesure pas ses limites et qui bien souvent en paye le prix. La mythologie, qu'elle soit grecque ou romaine, est le domaine où cette lecture critique de l'audace est la plus vigoureuse. Les exemples les plus marquants se trouvent réunis chez Ovide, au sein de son ouvrage clé, *Les Métamorphoses*. Dans son texte, le poète latin présente, entre autres, les destins malheureux de Phaéton et d'Icare.

Phaéton est le fils de Phébus, le dieu du Soleil et de la nymphe Clymène. S'étant vanté auprès de son camarade Épaphos de son ascendance solaire, ce dernier remit sa parole en doute et moqua sa prétention divine. Le jeune Phaéton, terriblement vexé, exigea confirmation auprès de sa mère, qui lui assura qu'il était bel et bien la progéniture du dieu Soleil. S'il ne la croyait pas, qu'il aille donc le lui demander lui-même. Phaéton s'empressa de partir à la recherche de son père en voyageant vers le soleil levant. Parvenu au palais de Phébus, son père le reçut avec bienveillance et lui promit d'exaucer un de ses vœux. C'est alors que Phaéton eut l'audace de demander s'il pouvait conduire le char du soleil pendant une journée. Effrayé par la demande de son fils, Phébus tenta de l'en dissuader, mais n'y parvint pas. Contraint d'honorer sa promesse, il le laissa faire. Dès l'aurore, Phaéton prit la place de son père et se mit à conduire le char du soleil. Mais par manque d'expérience, il ne réussit pas à maîtriser les chevaux. Apeuré à la vue des animaux du Zodiaque, Phaéton perdit le contrôle de l'attelage. Les chevaux galopèrent dans tous les sens, provoquant des catastrophes dans le monde entier : des villes, des montagnes, des contrées entières s'enflammèrent, les glaciers fondirent, les fleuves s'asséchèrent, les mers se réchauffèrent. Phaéton lui-même, que son père avait pourtant enduit d'un onguent sacré pour lui permettre de résister à la chaleur, ne supporta plus la fournaise. La Terre, à demi calcinée, implora Zeus d'intervenir pour sauver ce qu'il restait du monde. Celui-ci, ayant obtenu l'accord des autres dieux et de Phébus lui-même, foudroya Phaéton et mit en pièces le char. La chevelure en feu, le jeune homme tomba comme une étoile filante jusque dans le fleuve Éridan, laissant Ovide conclure ce récit par cette terrible sentence : « Ci-gît Phaéton, qui fut l'aurige du char de son père ; il ne put le maîtriser, mais sa grande témérité le perdit. »

La structure du mythe d'Icare est sensiblement identique, bien que les figures divergent. L'architecte Dédale et son fils Icare cherchaient à sortir du labyrinthe dans lequel ils avaient été enfermés par le roi de Crète, Minos. Ne pouvant s'échapper ni par la voie des mers, contrôlée par Minos, ni par la terre, Dédale eut l'idée, pour fuir, de fabriquer des ailes semblables à celles des oiseaux, confectionnées avec de la cire et des plumes. Il mit en garde son fils, lui interdisant de s'approcher trop près du Soleil, à cause de la chaleur. Mais Icare, pris par l'ivresse du vol et guidé par une incontrôlable audace, oublia les interdits et prit trop d'altitude. Inconscient, il se rapprocha de l'astre, la chaleur du soleil fit fondre la cire et les plumes se détachèrent. Sous les yeux horrifiés de son père, Icare plongea en chute libre et mourut précipité dans la mer. Ovide résuma le drame en ces termes : « C'est alors que l'enfant se sentit grisé par son vol audacieux et cessa de suivre son guide ; dans son désir d'atteindre le ciel, il dirigea plus haut sa course. La proximité du soleil bientôt ramollit la cire parfumée qui servait à lier les plumes. La cire avait fondu ; Icare secoua ses bras dépouillés et privé de ses ailes pour ramer, il n'eut plus prise sur l'air, puis sa bouche qui criait le nom de son père fut engloutie dans la mer azurée qui tira de lui son nom. »

Phaéton et Icare ne sont que deux exemples parmi tant d'autres ; cependant, ils incarnent à merveille le danger qui trouble l'identité même du terme « audace ». Au fond des eaux grecques repose leur insolence, leur désobéissance au père, leur volonté farouche d'aller toujours plus haut. Phaéton et Icare sont coupables de transgressions volontaires et agissent en dépit des recommandations. Ces mythes, qu'ils soient connus ou seulement de lointains souvenirs, fondent notre rapport à la notion et expliquent en partie nos réticences. L'audace est ce qui provoque la chute. À trop vouloir, on sombre. Phaéton et Icare sont les deux spectres qui nous murmurent, à chaque décision, de ne pas prendre nos désirs pour des réalités et surtout de nous méfier de nos ambitions, au risque de nous brûler les ailes. Combien de fois les avons-nous laissées engloutir nos envies ?

Cette vision de l'audace est paralysante, et notre quête du réconfort imposerait la prudence. Pourtant, aussi sage soit la morale de ces récits, sont-ils la seule illustration possible de l'audace ? Ce qui se joue dans ces mythes ayant traversé les âges n'est qu'une forme de l'audace, celle que l'on nomme en grec l'*hybris*. C'est l'orgueil indomptable, la démesure qui coupe tout lien à la raison et s'oppose à la tempérance. L'*hybris* nous rend ivres de passion, incapables de discernement. Elle nous mène à la tragédie, puisqu'elle détruit l'ordre de l'univers en nous conduisant vers toujours plus de transgressions. C'est l'*hybris* qui pousse l'homme à sauter les yeux fermés de l'autre côté de la falaise sans même réaliser qu'il va ainsi nécessairement s'écraser. Mais l'audace ne saurait être résumée à l'*hybris*. Cette dernière n'en est qu'une forme extrême, son incarnation la plus poussée. Phaéton et Icare agissent sans réfléchir. Est-ce le cas pour tous les actes audacieux que nous avons réalisés dans notre vie ? N'est-il pas temps de réhabiliter le processus qui précède l'audace ?

L'audace de penser par soi-même

Que se serait-il passé si Phaéton avait décidé de s'entraîner à conduire le char du soleil au lieu de s'emparer des rênes dès le lendemain matin ? Qu'aurions-nous retenu de l'histoire d'Icare s'il avait flirté à juste distance avec les rayons ? Aurait-il été possible pour eux deux d'anticiper leur péril tout en maintenant vivace leur audace ? Nous n'en saurons rien et je n'aurais pas la prétention de défaire l'éternité des mythes. Toujours est-il qu'une question se pose : comment se compose l'audace ? N'est-elle qu'un coup de sang impulsif ou peut-elle naître d'une préparation ?

Pour y répondre, nous allons devoir à nouveau solliciter Emmanuel Kant. Il est curieux de constater qu'il est si présent dans les premières pages de ce livre. Pourtant loin d'être un choix subjectif, l'apport de la pensée kantienne sur le thème de l'audace est incontournable. Plus encore, c'est bien Kant qui va faire de l'audace une vertu philosophique et nous aider à percevoir où se loge son réconfort. C'est dans un texte central de l'histoire de la philosophie que se produit ce miracle. Nous sommes en 1784 lorsque Kant rédige l'essai *Qu'est-ce que les Lumières ?*. L'ouvrage est un manifeste de ce mouvement que l'on nomme l'*Aufklärung*, c'est-à-dire des Lumières allemandes. À travers ces pages, Kant cherche à comprendre comment l'homme peut accéder, par lui-même, à la lumière de la raison sans se laisser happer par les préjugés et les idées toutes faites. Il définit les Lumières comme « l'effort de l'homme pour sortir de l'immaturité dont il est lui-même responsable ». La perspective de Kant est donc de nous aider à accéder à la liberté individuelle. Et pour ce faire, il propose une approche dont la force tient en une formule : « *Sapere aude* », autrement dit : « Ose penser par toi-même. » Bien plus qu'un slogan facile que l'on répète sans en saisir l'implication, le *Sapere aude* est une ambition fondamentale et, à travers elle, l'audace se retrouve propulsée au rang de vertu philosophique. Cependant l'audace de Kant mérite qu'on prenne le temps de la définir.

Loin d'être un saut dans le vide, une insolence ou un geste irréfléchi, l'audace vantée par Kant est une forme de courage. Le courage d'examiner la vérité par soi-même sans se fier aux idées reçues, aux opinions des autres, à ce que nous dicte la société. Il s'agit d'un impératif moral, c'est-à-dire d'une forme d'obligation si l'on veut prétendre à être un humain digne de ce nom. Fermer les yeux, préférer la posture de l'autruche, ce n'est pas avoir la vie facile, c'est au contraire déroger à ses responsabilités, abandonner aux autres son pouvoir de décision comme sa faculté de juger et donc, *in fine*, être privé de liberté.

Dans nos vies quotidiennes, ce « ose penser par toi-même » suppose qu'on prenne le temps de réfléchir à nos actes, à nos modalités, à la manière dont fonctionnent nos couples, nos familles, nos systèmes professionnels, etc. Souvent, nous reproduisons indéfiniment les mêmes comportements sans les remettre en cause. Oser les questionner, ce n'est pas faire preuve d'une rébellion stérile, c'est faire un pas de côté pour observer et nous demander : est-ce que cette manière de faire me convient ? Est-ce qu'elle est cohérente pour moi ? Est-ce que je suis en accord avec ce qui se dit et avec ce qui se fait ? Faire preuve d'audace, ici, ne revient pas à changer pour changer. Cela implique simplement d'analyser précisément la réalité et d'avoir ensuite le courage d'entreprendre, de la modifier, si l'on estime être en mesure de l'améliorer. Ce qui est audacieux ce n'est pas d'agir, c'est avant tout d'avoir les yeux grands ouverts : « Aie le courage de te servir de ton propre entendement. Telle est la devise des Lumières », écrit Kant. Cette audace n'a rien de confortable, c'est parfois très confrontant de regarder en face une situation, pourtant, cet appel à la conscience est aussi un appel à vivre sa vie avec plus de douceur, plus de justesse, plus d'harmonie. C'est pour cela qu'elle est une invitation au réconfort. C'est l'audace d'utiliser sa réflexion pour composer son existence comme on le souhaite et non pour faire plaisir aux autres. Ce n'est donc pas une impertinence, un geste déraisonnable, mais une attitude, une manière de conduire sa vie. On comprend ici que contrairement à Phaéton et Icare, l'audace kantienne commence dans les profondeurs de notre esprit. Elle peut, elle aussi, être une désobéissance aux pères, mais cette désobéissance a tellement été pensée, organisée, souhaitée, réfléchie qu'elle devient une évidence devant laquelle on ne peut pas reculer.

J'évoquais brièvement au début de ce chapitre le cas d'un ancien consultant qui a tout arrêté pour s'inscrire dans une formation de pilote d'avion. Ce consultant se nomme Thomas, je l'ai rencontré dans son ancien cabinet le soir même de sa démission officielle. Curieuse de savoir ce qui l'avait poussé à faire un tel changement, et en particulier à reprendre des études après quatorze ans passés à exercer un métier qu'il aimait, sa réponse fut immédiate : « Pour continuer à me sentir en paix avec moi. » Il me semble que le lien entre audace et réconfort réside dans ces quelques mots. L'audace lorsqu'elle est réfléchie n'est pas une chute. Elle ne nous plonge pas au beau milieu des eaux, elle est une respiration.

C'est pourquoi il ne faut pas confondre audace et risque. Il est évident qu'une fois la décision prise, nous redoutons l'inconnu, encore faut-il mobiliser d'intenses ressources pour supporter le changement. Mais il est très différent d'entreprendre quelque chose auquel on a longuement pensé plutôt que de suivre l'impulsion d'une envie risquée. Et surtout, après avoir osé penser par nous-même, après avoir ouvert les yeux, n'est-il pas plus dangereux de rester figé que de se mettre en mouvement ? N'est-il pas plus facile d'oser que d'aller se coucher en pensant, au plus profond de nous, qu'on a fait preuve de lâcheté ?

L'audace de dire oui

Qui n'a pas en tête le goût amer d'une opportunité à laquelle il a renoncé par prudence ? Loin de moi l'idée de pousser à l'action permanente, encore moins de sous-entendre qu'il faudrait sans cesse se forcer à toujours faire plus, à se bousculer, à marcher le long d'une crête le souffle coupé. Ce qui m'intéresse dans le sujet de l'audace, c'est plutôt d'affirmer que ce que nous nommons « prudence » sur le moment se transforme parfois en « regret » bien des années après. Prendre le temps de décortiquer nos audaces, comme le propose Kant, c'est aussi apprendre à arbitrer entre risques inutiles et risques assumés. C'est cesser de se protéger derrière une garantie pour aller explorer sa liberté.

Faire preuve de prudence, n'est-ce pas agir en fonction d'une « rationalité limitée » ? L'expression évoque le fait que nos décisions sont toujours altérées par un ensemble de contraintes comme le manque de temps, le manque d'informations, des événements extérieurs, des biais cognitifs, etc. En somme, même lorsque nous croyons prendre une décision rationnelle et sage, nous agissons tout de même en « rationalité limitée », c'est-à-dire que des tas de facteurs nous échappent. Les différentes crises traversées ces dernières années nous le prouvent. Il est difficile d'anticiper une crise sanitaire, même pour les plus prudents d'entre nous ! Cette thèse développée dans les années 1950 par les économistes et sociologues américains Herbert A. Simon et James G. March est extrêmement convaincante pour inciter à l'audace. Une fois que nous avons pris une décision, en osant penser par nous-même, la mettre en œuvre n'est pas plus risqué que de faire preuve de prudence, car dans les deux cas, nos décisions ne sont pas les plus optimales, elles ne sont pas « parfaites », elles sont juste les plus satisfaisantes au moment où nous les prenons. Il sera plus facile à Thomas de traverser les aléas de sa nouvelle formation que de rester à son poste en se disant chaque jour qu'il se serait réalisé ailleurs. La prudence se résume parfois à accepter l'inconnu !

Une fois l'audace construite, une fois la peur de l'inconnu assumée, reste à agir, à dire oui à ce ciel immense qui s'ouvre à nous. Et cette fois-ci c'est à Nietzsche que nous devons les encouragements les plus vifs. Là où Kant nous emmenait sur le chemin de la réflexion, Nietzsche, lui, préfère nous bousculer à travers ses questions. Comment réagirions-nous à la perspective de revivre notre vie une infinité de fois ? Est-ce que nous prendrions les mêmes décisions, les mêmes chemins ? Dérangeantes et libératrices, ces interrogations sont saisissantes, volontairement vertigineuses. Dans *Le Gai Savoir*, il présente l'enseignement délivré par le prophète Zarathoustra : « Cette vie, telle que tu la vis et l'as vécue, il te faudra la vivre encore une fois et encore d'innombrables fois ; et elle ne comportera rien de nouveau, au contraire, chaque douleur et chaque plaisir et chaque pensée et soupir, et tout ce qu'il y a dans ta vie d'indiciblement petit et grand doit pour toi revenir, et tout suivant la même succession et le même enchaînement. » Bien plus qu'une prophétie ou une menace, la pensée de « l'éternel retour » n'est pas prise ici comme une théorie. Elle n'est pas une connaissance, mais elle est pour Nietzsche une sorte d'hypothèse qui motive tout notre être, car comment vouloir que tout revienne ? Malgré nos drames, nos errances, nos peines, comment trouver l'intensité suffisante pour vouloir revivre sa vie à l'identique ? Loin des clichés que l'on accole parfois à ses travaux, Nietzsche dévoile ici l'une des plus puissantes ambitions philosophiques, aux prises avec le magma de notre quotidien. L'*amor fati*, ce singulier « aime ton destin » est un cri, un « oui » grandiose adressé à l'existence et un refus des préjugés, des prudences, des peurs qui la condamnent. L'éternel retour est une incitation à l'ultime audace, une incitation à oser le savoir, la chair, l'amour, le tumulte, les larmes, à oser tout ce qui nous élève, tout ce qui nous grandit.

L'analyse kantienne et l'éternel retour nietzschéen viennent nous saisir par la main pour nous aider à avancer, à sauter de l'autre côté de la falaise, conscients que le risque de s'écraser n'est rien comparé à la satisfaction d'avoir osé. Reste à savoir désormais ce que l'on fait une fois que l'on a osé. De quoi se compose ce temps de l'après ?

L'audace de patienter

Que nous arrive-t-il une fois qu'on a envoyé un texto pour avouer notre amour ? Une fois qu'on a rendu les clés ? Une fois qu'on a quitté notre job ? Une fois qu'on a révélé notre projet au grand jour ? Une fois qu'on a cédé à ce « Tais-toi et fonce » ? C'est curieux comme l'audace est souvent pensée comme un instant, appréhendée dans son immédiateté, son intensité, semblable à une photographie. Néanmoins, cet angle demeure assez lacunaire. Nous l'avons vu avec Kant, il y a un avant l'audace, une préparation nécessaire, mais force est d'admettre qu'il y a aussi un après, et qu'une fois la décision prise, un autre versant de l'audace se révèle, un versant parfois plus sombre et plus aride, mais tout aussi important. Il s'agit cette fois de l'audace de patienter, d'oser poursuivre sa décision sur le long terme et pas seulement dans l'euphorie de l'instant. N'est-ce pas de l'autre côté de la falaise que tout commence ?

Dans sa biographie *L'Art de la victoire*, l'homme d'affaires Phil Knight raconte la folle aventure de son entreprise, Nike. À peine sorti de son école, en 1963, le jeune Phil a une vision audacieuse. Son souhait le plus cher est de lancer son entreprise et d'importer aux États-Unis des chaussures de sport japonaises haut de gamme en les proposant à bas prix. Pour y parvenir, il emprunte à son père 50 dollars. Son idée fonctionne plutôt bien, puisque la première année, il vend pour 800 dollars de chaussures qu'il stocke dans le coffre de sa voiture. Mais son récit raconte surtout les dix-huit années qui suivirent. Car il aura fallu près de deux décennies pour faire de son projet audacieux l'entreprise leader de la chaussure de sport aux États-Unis. Ces vingt années n'ont pas été une lente ascension rassurante et prometteuse, au contraire, elles comptèrent des échecs retentissants, des difficultés administratives et financières et des centaines de contretemps. Le plus étonnant est que malgré tout, son audace resta intacte. « Voici ce que je dirai à mon prochain : il faut que tu aies foi en toi, mais il faut aussi que tu aies foi en la foi. Pas la foi telle que les autres la définissent. La foi telle que tu la définis toi-même. La foi telle que tu la définis dans ton cœur », écrit Phil Knight. Mon propos ici n'est pas de faire de Nike ou de son PDG des modèles, et encore moins d'avoir des considérations éthiques, mais de souligner combien cette « foi » qu'évoque Knight est une donnée constitutive de l'audace et du réconfort qu'elle porte en elle. L'audace de croire en soi en dépit des tempêtes est une manière de construire un refuge émotionnel. L'enjeu n'est pas la réussite mais l'audace de continuer à avancer.

Cette vision de la constance et de l'audacieuse persévérance se trouve d'une façon bien différente mais tout aussi essentielle chez Descartes. Dans la troisième partie du *Discours de la méthode*, le philosophe met en scène un voyageur perdu au milieu d'une forêt, se demandant comment sortir de là. En décrivant cette situation, Descartes préconise d'être « le plus ferme et le plus résolu » possible. L'obligation d'agir nous force à choisir une direction et même si l'option choisie demeure empreinte de doute, l'important est de s'y tenir et de ne pas errer, sans quoi on finit par réellement se perdre. Encore une fois, il n'est pas question de foncer avec obstination mais bien d'accepter qu'avancer, même dans une forêt profonde, empêche de tourner en rond. La raison ne sait pas quelle est la meilleure voie à suivre, mais elle peut garantir qu'un voyageur égaré changeant sans cesse de chemin ne trouvera jamais d'issue. Tandis que celui qui ignore le bon chemin mais s'en tient à celui qu'il a décidé d'emprunter a bien plus de chances de sortir de la forêt, même si le sentier est ardu et parfois semé d'obstacles : « Imitant en ceci les voyageurs qui, se trouvant égarés en quelque forêt, ne doivent pas errer en tournoyant tantôt d'un côté tantôt d'un autre, ni encore moins s'arrêter [...], mais marcher toujours le plus droit qu'ils peuvent vers un même côté, et ne le changer point pour de faibles raisons [car ainsi] ils arriveront au moins à la fin quelquc part où vraisemblablement ils seront mieux que dans le milieu d'une forêt. » Aussi curieuse soit l'alliance entre Knight et Descartes, les deux se rejoignent dans cet appel à agir avec résolution et assiduité.

L'audace, lorsqu'elle s'inscrit dans la durée, nous force à être toujours au plus près de notre analyse de départ. Pourquoi nous étions-nous mis en route initialement ?

L'audace d'accepter l'aventure

Le dernier personnage convoqué dans ce chapitre est une comédienne de trente-trois ans. De son vrai nom Marie Benoliel, la jeune femme a fait de l'audace le socle de son projet artistique. Sous la figure de *Marie s'infiltre*, elle réalise, à travers des vidéos, une satire de la société française en « s'infiltrant » dans différents milieux, qu'ils soient culturels, associatifs ou encore politiques. En 2022, elle crée un spectacle nommé *Culot* et délivre sa fougue, son émotion, son impertinence dans des centaines de salles vêtue d'un bustier brodé. Inarrêtable, Marie semble être l'incarnation de cette hardiesse irréfléchie dont nous faisions la critique au début de ces pages. Et pourtant, lorsqu'on décortique sa démarche, son audace est sans doute une des interprétations les plus fidèles de ce que je tente de décliner dans cette exploration. Après des études brillantes, Marie s'inscrit à des cours de théâtre. Très vite, cette exposition sur scène devient une passion. Elle dresse les contours de son personnage en créant ses premières vidéos. L'histoire aurait pu s'arrêter là, mais c'est justement parce que tout l'engage à laisser ce projet de côté que Marie le poursuit. Son audace est d'identifier sa limite. Avec conscience, effort et discipline, elle met tout en œuvre pour s'en affranchir. À l'audace de l'analyse, à l'audace du oui, à l'audace de la patience, que nous avons traité jusqu'ici, s'ajoute l'audace de décevoir, l'audace d'accepter le ridicule, le scandale, le mépris des autres, l'inconfortable. En flirtant avec sa peur, faire de tout cela un laboratoire qui, d'expériences en expériences, la rapproche d'elle-même. « L'audace n'est-elle pas une manière d'aller vers soi ? » dit-elle.

Nous nous demandions au début de ce chapitre comment trouver du réconfort dans un sujet aussi inconfortable que l'audace. Nous l'avons trouvé dans cet appel permanent à la cohérence, qu'il s'agisse de celle de l'analyse, du oui à la vie ou de la patience, qui à chaque fois nous engage à nous écouter et à nous faire confiance. Le réconfort est encore plus grand lorsqu'on conçoit notre vie comme une aventure. Il y a chez le philosophe Jankélévitch une bouleversante distinction. L'aventurier est celui qui fait de l'aventure son métier, tandis que l'aventureux est celui qui en fait sa vie. L'audace fait de notre existence une aventure. Non parce que nous découvrons des rivages inconnus, non parce que nous prenons des risques insensés, mais parce que chaque instant, aussi insignifiant soit-il, est instable. Le futur va venir, il est presque là, mais presque seulement. L'aventure est cet à-venir. Nos audaces nous le rappellent. Loin des élans de démesure de Phatéon et d'Icare, nos audaces sont à la mesure de ce qu'est la vie, un jaillissement incertain qui ne demande qu'à être habité par notre pleine présence et notre pleine conscience, dans l'immense réconfort offert par une vie libérée des préjugés.

Dans *Le Livre de Joe*[1], l'auteur américain Jonathan Tropper nous fait revivre une scène qui elle aussi est ancrée dans bon nombre d'imaginaires : « Tu te souviens des vieux dessins animés du Coyote, dit-il, quand le Coyote se précipitait d'une falaise et qu'il continuait à courir jusqu'au moment où il baissait les yeux et réalisait qu'il cavalait dans le vide ? — Ouais. — Eh bien, je me suis toujours demandé ce qui lui serait arrivé s'il n'avait pas regardé en bas. [...] On s'élance pour traverser le canyon, le regard fixé droit devant soi vers les choses vraiment importantes, mais quelque chose, la peur ou un sentiment d'insécurité, nous fait regarder en bas. Alors on s'aperçoit qu'on marche sur du vide, on panique, on

1. Jonathan Tropper, *Le Livre de Joe*, traduction de Nathalie Peronny, Fleuve éditions, 2005.

fait demi-tour et on pédale à toute vitesse pour retrouver la terre ferme. Mais si on ne baissait pas les yeux, on arriverait sans problème de l'autre côté. » Et si le réconfort se trouvait précisément de l'autre côté de nos peurs ? « Tais-toi et fonce », nous répéterait sans doute Susie.

En bref, pourquoi l'audace nous réconforte ?

- Parce que l'audace nous pousse à être cohérents.
- Parce que l'audace nous permet de nous sentir plus en paix avec nous-même.
- Parce que l'audace nous rend fiers.
- Parce que l'audace nous engage à écouter nos envies sans nous limiter aux opinions des autres.
- Parce que l'audace nous met en mouvement.
- Parce que l'audace est une façon de croire en la vie.
- Parce que l'audace est une aventure.

Bibliographie

Vladimir Jankélévitch,
L'Aventure, l'Ennui, le Sérieux
Emmanuel Kant, *Qu'est-ce que les Lumières ?*
Phil Knight, *L'Art de la victoire*
Friedrich Nietzsche, *Le Gai savoir*
Jonathan Tropper, *Le Livre de Joe*

Chapitre 3

DE L'IMPORTANCE DE L'ÉMERVEILLEMENT

Pourquoi l'émerveillement est la source du bonheur ?

« La sagesse commence avec l'émerveillement. »

Socrate

C'est un glaçon que la chaleur transforme en eau. C'est une clairière remplie de jonquilles au beau milieu de la forêt. C'est une chorégraphie millimétrée à la perfection. C'est un caillou subtilement caressé par la mer ou une équation à l'élégance grandiose. C'est une énigme insondable ou une époustouflante évidence. C'est une création humaine ou un cadeau de la nature. On exhale. On tombe à la renverse. On balbutie. Les yeux se plissent, le cœur palpite, et soudain, dans nos vies pressées, tout s'arrête, il ne règne que l'instant, que ces minutes sacrées où l'on cède à « l'émerveillement ».

Je ne sais pas si vous l'avez remarqué, mais il y a un phénomène très curieux lorsqu'on a, par exemple, la chance d'observer la nature. C'est le constat que face à un paysage que l'on trouve vraiment beau, on ne peut pas réellement être cynique. Bien sûr, on peut redouter de le voir disparaître, cependant, au moment où l'on pose notre regard sur ce paysage, le premier réflexe est celui de l'émerveillement, cet élan qui nous conduit à exprimer des onomatopées confuses, juste pour tenter de nous approcher de l'extraordinaire émotion que suscite ce décor. On laisse tomber nos résistances, pour quelques minutes au moins, et dans ce relâchement s'invite notre conscience. On mesure le miracle de l'ordinaire, ces splendeurs singulières qui se dissimulent dans notre réalité.

J'ai en tête une scène qui m'a profondément marquée. Lorsque mon fils n'était âgé que de quelques mois, alors qu'il s'entraînait au déplacement à quatre pattes, il trouva sur son chemin un bâton rempli de paillettes vertes. À l'instant où il l'attrapa, un rayon de soleil pénétra à l'intérieur du tube, faisant valser les paillettes dans un éclat de lumière. Mon fils prononça un immense « wahouu ». Il venait de choisir son premier mot ou du moins son premier son. Il n'avait pas décidé de faire entendre sa voix pour dire « papa » ou « maman », mais bien « wahouu ». Subjugué par la magie de son bâton pailleté, il adressait à l'existence sa sincère reconnaissance pour ce spectacle.

Les mois ont passé et de nombreux « wahouu » ont succédé à cet émerveillement initial, mais à chaque fois que ce souvenir me revient en mémoire, je remercie mon fils pour cette leçon de sagesse, pour cette incitation à s'émerveiller. Je me suis demandé ce que cela impliquerait si on regardait le reste de notre vie de cette façon. Si au lieu de considérer nos journées, nos couples, nos enfants, nos métiers, nos vacances, nos appartements, nos corps en en percevant toutes les limites effectives, on arrivait à les contempler dans ce qu'ils ont de magnifique. Quel réconfort cela nous procurerait si on s'autorisait à rendre les armes, à abandonner nos carapaces, nos protections et nos commentaires, pour uniquement ressentir et s'étonner ? Peut-être que certains ne retiendront de cette démarche qu'une immense naïveté, et pourtant, je suis convaincue qu'il y a une forme de courage dans cette capacité à voir ce qu'il y a de prodigieux autour de nous et je crois même que cette faculté est un réel soutien dans les périodes les plus sombres de nos vies.

La passionnante helléniste Jacqueline de Romilly, qui ne cessait de s'émerveiller de la civilisation grecque, fait de cette qualité un trait distinctif de notre humanité. Dans l'une de ses conférences, *Ne me dis pas comment cela finit...*, elle souligne elle aussi cette puissance de l'enfance, apte à jouir des recommencements : « Voyez les enfants : ils demandent qu'on leur raconte une histoire, un conte. Ils aiment beaucoup que ce soit toujours le même et il ne faut rien y changer. Ils le connaissent, ils connaissent la fin, ils connaissent chaque épisode, et pourtant ils vibrent de nouveau au récit [...]. Je me demande s'il n'y a pas là un trait vraiment caractéristique de l'homme en général : cette possibilité qu'offre la littérature, non seulement de s'identifier avec les gens les plus divers, mais aussi de tout recommencer, comme si c'était la première fois. » Alors comment se fait-il que les adultes que nous sommes l'oublient si souvent ? Comment se fait-il que l'émerveillement semble être le propre des plus jeunes ? Pourquoi la lassitude, l'urgence, l'indifférence viennent contaminer nos éternelles premières fois ? De quoi avons-nous peur en cédant à l'émerveillement ?

Pour y répondre, peut-être devons-nous saisir que cet émerveillement ne consiste pas à nier ce que la vie contient comme laideurs. Nous devons aussi comprendre qu'il n'est pas une admiration artificielle qui nous fige et nous laisse immobiles face à un phénomène. Bien plus que cela, l'émerveillement est, comme nous le verrons au cours de ce chapitre, une incitation à aller au-delà de notre stupeur, pour s'ouvrir à une richesse d'un autre ordre, à la douceur enveloppante de l'étonnement. Se laisser happer par l'enthousiasme, accepter d'être surpris, c'est aussi une manière de renouveler son regard, de changer d'angle, d'activer autrement nos circuits de réflexions et de nous donner de l'air. L'émerveillement partage, avec la beauté et l'audace, cette fonction d'apaisement et de transformation. C'est une source qui, lorsqu'on la préserve, ne se tarit jamais et participe à notre bonheur. Car au fond, l'ultime réconfort n'est-il pas de voir le monde comme un éternel terrain d'exploration ? Peut-être est-ce en nous y confrontant que nous nous convaincrons de ce que le poète Michael Edwards affirme dans son ouvrage si bien nommé *De l'émerveillement* : « Il n'y a rien de plus adulte ni de plus sérieux que de s'émerveiller. » Prenons le temps de nous plonger dans l'histoire de l'un de nos plus émouvants pouvoirs.

Une ode à l'admirable

Les syllabes s'enroulent autour de la langue et forcent notre bouche à s'étirer en un sourire. Le terme « émerveillement » dérive du latin *mirabilia*, qui désigne « les choses étonnantes, admirables ». Dans son premier sens, certes un peu vieilli, le mot « merveille » évoque les prodiges et les miracles, ceux que l'on croise aussi bien dans *La Légende dorée* de Jacques de Voragine au XIIIe siècle que dans *Les Aventures d'Alice au pays des merveilles* de Lewis

Carroll au XIXe. Ces deux textes n'ont rien à voir, ils ne partagent ni la même culture ni la même ambition. Et pourtant l'un et l'autre usent du merveilleux. Le premier raconte, avec une vive force narrative, la vie de cent soixante saints et met en relief les histoires qui les entourent, leurs miracles et leur martyre. Cette légende, lue à haute voix dans les réfectoires des couvents et utilisée comme outil de transmission par les prêtres, mêle des détails de la vie des saints et toute une somme d'apparitions, d'évocations, de dialogues divins, d'êtres surnaturels. En relatant le merveilleux, c'est-à-dire cette part d'inexplicable, *La Légende dorée* place le lecteur sur la voie de l'émerveillement. Pénétrant profondément dans l'imaginaire collectif et devenant un support pour de nombreux artistes de la Renaissance, elle constitua le fondement d'une véritable mythologie chrétienne, acceptant que l'énigme soit au cœur de la foi.

Dans un registre très différent, ce merveilleux qui émerveille est aussi celui de Lewis Carroll. Croisant un lapin en redingote, une mare de larmes, un caucus ou une chenille sous opium, le personnage d'Alice se confronte à l'étrangeté et, dès lors, s'émerveille de cet inconnu qui lui fait face. Le merveilleux dans ce conte est une manière d'être au monde. Alice effectue un voyage onirique, où chaque élément rencontré dissout totalement ses habitudes et ses repères. Orpheline de ses réflexes, ce qui lui semblait aller de soi se déconstruit, ce détour par le merveilleux exige sa présence : « Mon Dieu, mon Dieu ! Tout est si bizarre aujourd'hui ! Alors qu'hier tout s'est déroulé comme d'habitude. Je me demande si j'ai été transformée pendant la nuit. Réfléchissons : étais-je bien la même quand je me suis levée ce matin ? Il me semble en effet me rappeler que je me sentais un peu différente. Mais si je ne suis plus la même, une question s'impose. Qui puis-je bien être ? Ah, voilà la grande énigme ! » Là où *La Légende dorée* incite le croyant à plonger dans sa foi, *Les Aventures d'Alice au pays des merveilles* incitent le lecteur à plonger dans sa psyché. Le merveilleux agit dans les deux cas comme un réveil, comme un étonnement qui nous percute et vient nous chercher au plus profond de nous-même. Pour autant, faut-il passer par le merveilleux, celui des Saints ou celui des lapins en retard, pour s'émerveiller ? L'émerveillement n'est-il produit que par le surnaturel ?

Il va de soi que cela n'est pas le cas, et même si l'étymologie lie les deux termes, l'émerveillement ne saurait être cantonné au *merveilleux*. Dans son sens usuel, l'émerveillement est plus généralement attaché à tout ce qui suscite la surprise et l'admiration en raison de sa beauté, de sa perfection, de sa rareté, de ses qualités que l'on juge exceptionnelles. C'est le cas lorsque mon fils s'émerveille devant un bâton pailleté comme lorsque des touristes s'ébahissent devant les pyramides d'Égypte. La singularité de l'un et la grandeur de l'autre activent ce curieux sentiment qui convoque, dans un même mouvement, étonnement, joie et épanouissement. La définition pourrait ainsi se laisser encadrer par cette idée : l'émerveillement provoque quelque chose d'heureux en nous, quelque chose de suffisamment puissant pour nous sortir de nos habitudes, pour créer un nouveau souffle, et c'est sans doute pour cela que dans l'histoire de la pensée, l'émerveillement est au commencement de tout. Dans la Genèse, par exemple, lorsque Dieu crée le ciel et la terre, et « vit que cela était bon », il ressent ce sentiment si fort, qu'on découvre que ce n'est pas seulement une émotion mais une capacité de l'être, une curieuse habileté qui nous permet d'avoir la sensation de nous retrouver sans cesse au commencement du monde, comme si tout, autour de nous, était regardé pour la première fois, comme si l'univers se créait sous nos yeux, même dans sa plus immédiate banalité. Pour preuve, avez-vous déjà pris le temps d'observer de très près une pâquerette dans une étendue d'herbe ? Il se peut qu'en le faisant vous ayez l'impression de voir la toute première pâquerette de votre vie, aussi ordinaire soit-elle. L'émerveillement renouvelle ce que nous croyons acquis, il montre que rien ne va de soi.

C'est pour cette raison sans doute que l'émerveillement est non seulement un réconfort, en ceci qu'il nous offre la chance de l'inédit dans l'ordinaire, mais qu'il est aussi le tout premier geste philosophique, celui par lequel commence la philosophie. Pour faire preuve de précision, il faudrait distinguer « l'étonnement », qui donne envie de découvrir, de « l'émerveillement », qui éblouit. Cependant, il me semble que, souvent, les deux élans se confondent, se succèdent, se précédent et conduisent encore une fois à ce même lieu, celui du regard « comme au premier jour ». La philosophe suisse Jeanne Hersch dans son incontournable texte *L'Étonnement philosophique* raconte l'histoire des tout premiers philosophes, qui vécurent à Milet en 600 avant J.-C. : « Il s'agit donc de puissants esprits qui étaient, par rapport au savoir de leur temps, des esprits universels. Ce qui suscita avant tout leur étonnement, ce fut le spectacle du changement. » N'est-ce pas bouleversant de se sentir relié à ces hommes dans nos émerveillements quotidiens ? N'est-ce pas troublant d'imaginer qu'on puisse, à des époques si radicalement différentes, faire de l'émerveillement un fil conducteur ?

Platon, l'émerveillement fondateur

Nous n'avons pas cessé de l'évoquer depuis le début de ce chapitre : l'émerveillement est notre capacité à voir « comme au premier jour », qu'on soit un bébé de dix mois face à un bâton pailleté ou Dieu face à la création de l'univers. C'est donc sur cela que nous devons enquêter. Comment faire en sorte d'observer le monde dans ce qu'il a d'éternellement inédit ? Comment contempler la rue que nous avons arpentée mille fois comme si nous ne la connaissions pas ? Comment nous aussi, dans le sillage des philosophes de Milet, jouir du spectacle du changement ? Pour être réconforté par l'émerveillement, encore faut-il en être capable, le prendre suffisamment au sérieux pour lui faire de la place.

Pour saisir l'importance de l'émerveillement, il y a une piste intéressante, développée dans un célèbre dialogue de Platon, le *Théétète*. Le dialogue met en scène une discussion entre Socrate, le géomètre Théodore et son élève Théétète, à propos du savoir et de la connaissance. Socrate attire son attention sur « les choses qui se combattent en notre âme », en somme, les problèmes de logique, et c'est ici que Théétète répond à Socrate : « Et j'en atteste les dieux, Socrate, je m'émerveille prodigieusement à me demander ce que sont ces choses-là, et quelques fois, vraiment, à regarder ces choses, je suis pris de vertige. » Cette idée de vertige est centrale pour renouer avec l'émerveillement et c'est elle qui s'affichait aussi dans le roman de Lewis Carroll. Depuis notre plus jeune âge, nous essayons de construire des repères afin de pouvoir nous diriger dans la vie. Nous cartographions des lieux, nous identifions des individus, nous savons que la pharmacie est à droite, que la casserole se range dans le placard de gauche, que notre cousine Sandrine ne prend pas de sucre dans le café. Ces connaissances éparses, certaines importantes d'autres secondaires, nous permettent de mener nos journées sans nous sentir perdus. C'est grâce à elles que, dans l'ensemble, nous savons quoi faire de nous-même. L'idée n'est donc pas de déconstruire ces points d'ancrage, mais plutôt de réaliser que s'émerveiller, c'est accepter un instant de perdre le contrôle, c'est accepter de tournoyer et d'être tellement subjugué qu'on ne peut plus avancer. C'est devenir Alice dans le merveilleux pays de notre quotidien. Dans le dialogue de Platon, loin de trouver exagérée cette phrase du jeune homme qu'il rencontre pour la première fois, Socrate y perçoit toute sa sagesse : « Théodore, mon ami, ne semble pas mal juger ta nature. Car il est tout à fait d'un philosophe, ce sentiment, de s'émerveiller ; en effet, il n'est d'autre commencement de la philosophie que celui-là. » La philosophie n'est pas une discipline de la maîtrise comme on le croit si souvent, elle se fonde d'abord, et avant tout, sur un vertige.

Je le disais précédemment, souvent la tradition philosophique a retenu le terme « étonnement », plus que celui d'« émerveillement », considérant qu'il était plus apte à décrire ce fameux trouble. En réalité, outre la proximité entre les deux termes, « étonnement » ou « émerveillement », les deux sont des traductions du terme grec *thaumazein*. Le mot *thauma* peut désigner un objet étrange, prodigieux, voire monstrueux. Quelle que soit la traduction, le fait est bien là : l'émerveillement, qui est le socle de la philosophie, donne accès à un monde *autre* que celui que nous connaissons. Le merveilleux n'est pas uniquement le surnaturel dont nous parlions au début, mais la réalité même lorsqu'on la questionne. Voilà pourquoi, chez Socrate, mais aussi dans le reste de la tradition, les liens entre émerveillement et philosophie sont si étroits. Parce que l'une a besoin de l'autre, pour accéder à la vérité, à la connaissance, pour être bouleversé, exalté, et surtout pour ne jamais se contenter de la terrible inertie de l'habitude. Quelle immense chance de savoir vivre dans la palpitation des commencements !

On peut noter ici la différence fondamentale avec la simple « admiration ». Admirer nous laisse à distance, en retrait. On peut, par exemple, admirer une célébrité, se renseigner sur sa vie, ses goûts, ses loisirs, sans jamais se sentir proche. Alors que s'émerveiller de quelqu'un ou de quelque chose, c'est en faire l'expérience à l'intérieur de soi, jusqu'à ce qu'on tangue. L'émerveillement ne réconforte pas en rassurant, en confirmant, il le fait en ouvrant un champ des possibles, en créant des sensations et des envies insoupçonnées. Lorsqu'on s'émerveille, on active un moteur dans notre ventre, notre tête, notre cœur. Jusqu'où cet élan peut-il nous mener ?

Aristote, l'émerveillement contre l'ignorance

C'est cette question qui intéresse le second géant de l'Antiquité. En effet, Aristote reprend ces différentes observations à son compte. Pour lui aussi, le pouvoir de l'émerveillement est énorme. Il déstabilise, il fait s'écrouler les certitudes et nous force, face au spectacle de la singularité, à partir en exploration, à nous interroger sur le pourquoi. Reprenons notre exemple de la pâquerette. Il se peut qu'après l'avoir regardée longuement, après qu'elle vous a ému par sa forme, sa structure, sa blancheur irisée, sa fragilité, vous commenciez à vous interroger à son sujet. Comment a-t-elle poussé là ? À quel moment de la journée se referme-t-elle ? Quelle est la longueur de sa tige ? Quels insectes viennent la butiner ? Dans quels pays peut-on la trouver ? Peut-être qu'en rentrant chez vous, au-delà de l'émotion procurée, cet émerveillement va vous conduire à mener une enquête, ouvrir un livre ou taper « pâquerette » dans un moteur de recherche pour en savoir plus à son sujet.

C'est ce qui arriva à Thalès, l'un des premiers philosophes de Milet sur lequel Aristote revient dans la *Métaphysique*. S'il n'avait pas été capable de s'étonner, Thalès n'aurait jamais découvert les secrets du ciel : « Car c'est bien le fait de s'étonner qui poussa jadis et qui pousse aujourd'hui les hommes à philosopher. Dès l'origine, ils s'étonnèrent d'étrangetés ordinaires, puis ils progressèrent peu à peu vers des difficultés plus importantes, comme les phases de la Lune, celles du Soleil ou bien des astres, ainsi que la naissance du tout. Or, un homme qui est confronté à une difficulté et qui s'étonne se considère ignorant [...]. Ainsi, puisqu'ils ont philosophé afin d'échapper à l'ignorance, il est manifeste qu'ils ont cultivé la science afin de connaître et non pas en vue d'un quelconque usage. » L'émerveillement réconforte car il brise l'ennui, car il nous procure des émotions, car il exige notre présence, mais aussi car il est le meilleur moyen de lutter contre l'ignorance. Le moteur qu'il enclenche est un désir brûlant de connaissance.

De 600 avant J.-C. jusqu'à aujourd'hui le mécanisme est le même. Thalès et les autres physiciens après lui ne sont pas des enfants, pourtant, ils prennent leur émerveillement au sérieux. La physique et la philosophie ne sont pas des disciplines abstraites ou lointaines, elles ne s'intéressent pas qu'à des sujets d'experts. La physique observe avec rigueur des phénomènes qui se déroulent sous nos yeux. Un liquide qui devient glace, un fil électrique qui s'échauffe, etc. Le physicien Étienne Klein, dans *La Conversation scientifique*, le résume ainsi : « Certains de ces phénomènes sont compris, d'autres, pourtant simples en apparence, ne le sont pas. Cette résistance du réel émerveille les physiciens, et parfois les épuise. Des questions se posent à eux, des énigmes apparaissent : pourquoi le cuivre est-il un bon conducteur et pas l'eau pure ? Comment l'écoulement d'un fluide devient-il turbulent lorsque sa vitesse augmente ? Ce type de questions oblige les chercheurs à relier les comportements collectifs de la matière à la nature des interactions entre les atomes et les molécules qui la composent. » L'émerveillement devient objet de recherche fondamentale, un tremplin vers une compréhension plus stricte de la réalité. N'est-ce pas la preuve de son immense importance pour nos existences et même nos sociétés ?

L'émerveillement créateur

Le vertige se transforme en connaissance. Il est une lumière crue dans l'ombre de nos ignorances. Sans doute que les physiciens vous ont déjà convaincu de son urgence, cependant il serait injuste de parler d'émerveillement sans évoquer non seulement ce qu'il permet de clarifier, de questionner, de découvrir mais aussi ce qu'il permet de créer. Car peut-être que pour certains d'entre nous, l'observation de la pâquerette ne conduira pas à une foule de questions mais à une foule de créations. Peut-être qu'allongé dans l'herbe, il vous viendra une envie de dessiner, de filmer, d'écrire un poème. Peut-être que la pâquerette deviendra un monde, un personnage, un motif. Peut-être que cette toute petite pâquerette sera à l'origine d'une prodigieuse composition. Mon ambition ici n'est pas d'affirmer que l'émerveillement est *bon* parce qu'il est utile, c'est plutôt de constater que l'émerveillement ouvre tant de commencements possibles qu'il est un réconfort durable, c'est-à-dire qu'il engage durablement notre courage et notre action.

Si l'émerveillement des physiciens est un point de départ incontournable dans leurs travaux de recherche, celui des artistes l'est tout autant. Le sculpteur italien Giuseppe Penone, spécialiste de l'*arte povera*, est un de ceux qui en parlent le plus explicitement. Son œuvre autant que ses choix artistiques naissent précisément de son observation de la nature. Pour lui, « l'émerveillement est une première condition pour une œuvre. Il faut trouver l'émerveillement dans la matière ». Lorsqu'il visite le Japon en 1970, il est profondément marqué par ce qu'il voit, par la nouveauté des décors face à lui. Le vertige nommé par Platon, le « *thauma* », est bien là. Un jour, lors d'une promenade, il ramasse une pierre dans un fleuve, puis il recrée la pierre en la sculptant, en cherchant non pas à reproduire la pierre mais à montrer l'action du fleuve sur elle. Ce geste n'est pas commandé, pas dicté, pas prévu. Ce geste naît de son émotion première, de ses yeux ouverts sur le monde. Les yeux de Thalès, de Théétète, d'Alice, de Penone, ceux de mon fils et les nôtres sont tous reliés autour de la magie du monde, conscients que l'intensité que nous cherchons pour donner du sel à nos existences est juste ici, là devant nous. On peut s'émerveiller de tout. En tant que manière d'interroger ce qui nous entoure, l'émerveillement peut et doit, selon Michael Edwards, faire partie de notre vie quotidienne : « Le quotidien, c'est notre vie. Or, notre vie est étrange. » Et si l'émerveillement ne se contrôle pas, puisque sa particularité est de nous saisir soudainement, il n'en reste pas moins qu'il faut une certaine disposition d'esprit pour être capable de s'émerveiller. C'est elle qui est présente chez les physiciens, les créateurs ou les enfants, qui se tiennent prêts à être émerveillés. Alors encore une fois, comment s'y exercer à notre tour ?

L'émerveillement quotidien

Dans son très beau texte *S'émerveiller*, l'essayiste et romancière Belinda Cannone interroge l'émerveillement quotidien et cherche à décortiquer ce qui s'y passe : « Parfois le silence règne, nous sommes paisibles et concentrés, la lumière est belle et notre regard vigilant : alors l'émerveillement nous saisit. D'où vient ce sentiment fugitif ? » Nous l'avons perçu avec l'exemple de la pâquerette, l'émerveillement ne résulte pas forcément du caractère grandiose d'une situation ou d'un spectacle, souvent c'est un état intérieur favorable qui nous permet de percevoir « une dimension secrète et poétique du monde », dit-elle. Soudain on vit pleinement, ici et maintenant, dans le pur présent, sans agitation, sans frustration, mais en mesurant notre chance, en appréciant ce qui est là. L'émerveillement n'est donc pas qu'un rapport à l'objet, mais plutôt un rapport au temps, il exige qu'on puisse laisser l'observation se déployer. Car c'est au sein de cette lenteur que notre esprit rentre en contact avec ce qui l'entoure.

À ce propos, avez-vous déjà ressenti ce sentiment ? Allongé dans l'herbe, notre regard dirigé vers le ciel, aussi immense qu'enveloppant. Les contours de notre corps disparaissent, et dans l'esprit émerge la sensation d'appartenir à un monde infiniment vaste. Nous avons l'impression singulière d'être baigné dans l'éternité, d'en être un fragment, une particule poétique d'une indispensable vanité. Combien sommes-nous à avoir déjà vécu un instant comme celui-ci ? Au sommet d'une montagne, en faisant la planche dans la mer, ou dans une rue déserte éclairée par le soleil du matin ? Cette expérience intérieure correspond au « sentiment océanique », une expression composée par l'écrivain Romain Rolland pour décrire un état « sans bornes perceptibles », le degré ultime de l'émerveillement. C'est comme s'il n'y avait aucune limite entre nous et l'univers. Nous sommes semblables au nourrisson qui, collé à sa mère, ne fait pas de distinction entre sa peau et la sienne. Il n'y a rien à attendre, il s'agit juste de ressentir l'illimité. C'est la beauté du monde, le premier sourire du ciel. Ce sentiment océanique nous apaise, nous donne le luxe de l'appartenance. Cependant, il n'est pas possible sans son point de départ, sans la possibilité de s'allonger dans l'herbe. Il n'est pas possible sans la concentration, sans la pleine attention, qui devient la condition *sine qua non* de l'émerveillement quelle qu'en soit la forme, quel que soit son degré. « Je regarde la haie, la haie que je connais si bien et qui n'a rien de remarquable – aubépines, prunelliers, ronces, fouillis, piquants –, mais le soleil couchant l'éclaire, et soudain je m'émerveille car je la -vois-. Mon sentiment n'est pas lié à sa nature remarquable ou surprenante mais à ma capacité à la voir vraiment. [...] S'émerveiller, c'est d'abord saisir la présence des choses et des êtres », ajoute Belinda Cannone.

Nous le voyons depuis le début de ce chapitre, l'émerveillement, du plus modeste au plus intense, peut désormais répondre à une nouvelle définition. Plus encore qu'une disposition à se laisser surprendre, c'est percevoir le connu comme inconnu. Et il n'est pas vain de le répéter encore une fois, on ne peut le faire que parce qu'on ralentit. C'est valable pour les objets, les paysages, la rue derrière chez nous, mais c'est valable aussi pour les individus. Souvent, au début d'une histoire d'amour, on s'émerveille sans cesse, mais avec les mois, les années, la familiarité, ce sentiment se délite, le retrouver demande un effort, ou peut-être justement un peu plus de temps et d'engagement. N'est-ce pas ici une ambition qui dépasse notre intimité ? Cette source de réconfort qu'est l'émerveillement ne mérite-t-elle pas d'être protégée, encouragée et d'être valorisée au cœur même de notre société ? Comment laisser s'étendre un feu qui nous offre la possibilité de connaître, de créer, d'apprécier notre vie ?

Protéger l'émerveillement

Je l'évoquais dans les prémisses de ce chapitre, les bébés sont les maîtres de l'émerveillement. Les sons, les odeurs, les couleurs, les éclats de lumière, tout n'est qu'étrangeté, découverte, vertige permanent. L'inédit est leur norme. Et puis, en grandissant, ces premières fois deviennent répétitions et cette surprise à l'égard du monde s'estompe, plus encore quand l'urgence quotidienne balaye cette aptitude. Décider de maintenir l'émerveillement actif, c'est donc proposer des systèmes éducatifs qui les autorisent.

Certaines pédagogies, comme celle de Rudolf Steiner, en ont fait un enjeu. Steiner est un philosophe autrichien du XIXe siècle dont les idées ont permis la mise en place de modalités d'apprentissages spécifiques. Fondées sur l'idée que l'enthousiasme et la confiance apportent sérénité et force aux enfants, les écoles alternatives Steiner-Waldorf éveillent la joie d'apprendre. Au-delà des débats possibles autour de ce type de pédagogie, certaines idées sont particulièrement inspirantes en ce qui concerne la protection de l'émerveillement. Car accorder à l'enfant de vivre dans l'émerveillement, c'est respecter sa nature profonde et lui apporter ce qu'il réclame pour grandir. Pour y parvenir, les méthodes et l'environnement pédagogiques doivent être en adéquation avec cet objectif.

On trouve par exemple des initiatives autour du jeu libre. Le jeu procure de l'émerveillement à l'enfant car, en étant libre dans ses jeux, il ne suit pas d'instructions, il laisse son imagination et sa spontanéité le guider. C'est lui qui initie son jeu, de sa propre volonté. Les objets autour de lui sont considérés car l'enfant les observe sans autre but qu'alimenter sa créativité. C'est alors que peut surgir son étonnement. Il se consacre aux choses en elles-mêmes et non à l'application d'une règle. On constate, en outre, qu'une large place est accordée à la nature. Et ainsi que l'exprime la chercheuse en éducation Catherine L'Écuyer, dans son livre *Cultiver l'émerveillement* : « Nos enfants doivent réapprendre à observer patiemment le parcours d'un escargot, la croissance des fleurs, le glissement d'une goutte de pluie sur le dos velu d'une chenille, la floraison d'un arbre fruitier. Ils doivent réapprendre à s'émerveiller en arrosant des plantes, en cueillant des framboises… » La nature est un théâtre permanent bien plus stimulant que n'importe quelle activité formalisée. Enfin, la pédagogie Steiner-Waldorf centre beaucoup son approche sur le respect du rythme de l'enfant. Or, Catherine L'Écuyer insiste elle aussi sur cette question : « Les adultes doivent redécouvrir la sensibilité dont les a dotés la nature et qui s'est éteinte au gré des aléas de leur vie trépidante et parfois frénétique. Nous devons réapprendre à harmoniser l'attention que nous portons à nos enfants en fonction de leurs rythmes. » Cela signifie aussi de ne pas chercher à accélérer le développement cognitif et affectif de l'enfant, en le surstimulant pour essayer de le rendre hyperperformant. Tout ceci peut sembler anecdotique, des mesures qui ne concernent que le monde restreint de l'éducation. Pourtant, au-delà des querelles de clochers, des débats sur les écoles alternatives et des classements éducatifs, ce que ces rapides propositions soulignent, c'est l'urgence de réfléchir à des modes de transmissions, et plus généralement à des modes de vies qui ouvrent à l'émerveillement. Nous voulons des physiciens, des chercheurs, des artistes, des philosophes, des gens heureux et capables de préserver le monde qui les entoure ? Alors concentrons-nous sur l'émerveillement, car ce réconfort est le socle pour quiconque aspire à une vie riche et épanouie.

Le psychologue Dacher Keltner, directeur fondateur du Greater Good Science Center de l'université de Californie à Berkeley, a passé des années à étudier les effets bénéfiques de l'émerveillement sur notre bien-être physique, mental et émotionnel. En conclusion de ses travaux, il indique les bienfaits indiscutables qu'il a pu noter : « Cela nous rend curieux plutôt que de porter des jugements. Cela nous rend collaboratifs. Cela nous rend humbles, partageurs et altruistes. Cela calme l'ego et vous empêche de penser autant à vous-même. Il calme également le réseau de modes par défaut du cerveau et il a été démontré qu'il réduit l'inflammation. En d'autres termes, ne sous-estimez pas le pouvoir de la chair de poule. » Il n'y a pas de méthode miracle pour s'émerveiller, si ce n'est d'accepter de ne pas être sans cesse dans le faire, le bruit, le divertissement. « Comment trouvez-vous l'émerveillement ? Vous vous autorisez du temps non structuré. Vous errez. Vous dérivez. Vous marchez sans but. Vous allez vers les questions mystérieuses plutôt que vers les réponses basées sur des tests », explique Keltner. Et s'il était temps d'aller contempler des pâquerettes ?

En bref, pourquoi l'émerveillement nous réconforte ?

- Parce que l'émerveillement nous fait voir la réalité autrement.
- Parce que l'émerveillement active notre connaissance.
- Parce que l'émerveillement rend la vie plus palpitante.
- Parce que l'émerveillement nous apaise.
- Parce que l'émerveillement nous donne envie de créer.
- Parce que l'émerveillement nous rend heureux.

Bibliographie

Belinda Cannone, *S'émerveiller*
Jacqueline de Romilly, *Émerveillements : réflexions sur la Grèce antique*
Michael Edwards, *De l'émerveillement*
Jeanne Hersch, *L'Étonnement philosophique*
Catherine L'Écuyer, *Cultiver l'émerveillement*

Chapitre 4

TOUTES LES NUANCES DE L'AMITIÉ

Pourquoi l'amitié est le socle de nos vies ?

« L'amitié est une âme en deux corps. »

Aristote

C'est un coup de fil à 4 heures du matin. C'est un verre qui n'en finit pas de s'étirer. C'est une main que l'on serre un jour de rentrée scolaire. C'est une correspondance capable de défier les décennies. C'est une solidarité mystérieuse, une compréhension tacite. C'est un « ne t'inquiète pas j'arrive », prononcé même au bout du monde. C'est un engagement qui se renouvelle dans un fou rire. C'est une complicité que l'on oppose à l'adversité. C'est une force qui dépasse les malgré, les outrages, les silences et les agacements. C'est un inexplicable qui devient évidence. C'est un lien que l'on tisse derrière un écran, dans un bureau, une salle de classe ou un cours de gym. C'est universel, et quel que soit notre âge, c'est un socle sur lequel reposent nos âmes fatiguées. C'est l'amitié, un sentiment rare qui, lorsqu'on le rencontre, transforme notre monde en un espace familier, et fait d'autrui le témoin de notre vie.

Il y a quelques années, j'ai lu dans un journal un article qui m'a beaucoup émue. Il racontait l'histoire d'une adolescente gravement atteinte d'un cancer contre lequel elle se battait depuis plusieurs années. Son combat touchait à sa fin et le cancer semblait sur le point de l'emporter. Mais malgré la souffrance, lorsque la maladie le lui permettait, la jeune fille préparait une sorte de journal intime, dont les dates s'étendaient loin dans le futur et dont les paroles se projetaient vers les semaines à venir, alors même qu'elle était consciente qu'elle ne les verrait sans doute pas. Si elle rédigeait ce journal, c'était dans une perspective bien précise ; il s'agissait d'un cadeau pour sa meilleure amie qui voulait entreprendre un long voyage après le lycée. La jeune fille malade n'allait sans doute jamais visiter les villes et les paysages que son amie allait découvrir mais, même si cela l'emplissait d'une rage impuissante à l'égard du destin, elle continuait coûte que coûte à peaufiner ce cadeau. Elle remplissait le journal de dessins, faisait commencer chaque mois par une page spéciale et inventait des questionnaires pour faire réfléchir son amie sur ce qu'elle aurait à vivre. À travers cette démarche, elle donnait vie au funeste et faisait se perpétuer leur amitié bien au-delà de la mort.

Évidemment, j'ai été bouleversée par ce récit, mais peut-être plus encore par l'idée qu'il existe quelque part la possibilité d'une pareille union, la capacité à faire perdurer une relation, un dialogue, une connivence, au-delà d'une ultime séparation. Et peut-être est-ce ici que se dévoile l'un des premiers piliers de l'amitié. Certes, l'exemple est extrême, cependant il met en exergue un point que l'on retrouve souvent dans les récits livrés par des amis : l'amitié est une envie farouche de s'engager. C'est le désir sincère de se mêler à autrui, pour quelques jours, quelques mois ou toute une vie. C'est la volonté d'ériger des ponts entre nos différences, entre nos pudeurs et nos dévoilements. L'amitié consiste, même métaphoriquement, à saisir la main de l'autre, à réunir deux vies qui pourtant n'avaient aucune obligation de cheminer ensemble. Et c'est sans doute à travers cet engagement que l'amitié devient un socle, un support réconfortant, une base arrière à laquelle revenir, parce qu'elle crée un espace qui n'existait pas avant la rencontre, un lieu qui répond à nos urgences, nos besoins, nos solitudes. Il y a ces mots de l'écrivaine Anaïs Nin, qui la résument avec tant de justesse : « Chaque ami représente un monde en nous, un monde qui n'aurait peut-être jamais existé sans lui et que cette rencontre a rendu possible. » Nous le verrons, ce lieu auquel on donne naissance ensemble ne se satisfait d'aucune forme figée, d'aucune règle, ni en termes de durées, ni en termes de modalités et pourtant il est un pacte tacite qui nous implique, qui exige que nous participions et qui toujours, d'une façon ou d'une autre, nous donne le courage d'avancer.

C'est ce pacte que l'on retrouve chez Simone de Beauvoir lorsqu'elle parle de son amie Zaza. La philosophe est encore une jeune enfant lorsqu'en classe, au Cours Desir, elle rencontre Élisabeth Lacoin, à laquelle elle donnera vite son surnom. Dès le premier regard, Zaza prend une place capitale dans sa vie. Une foule de choses les oppose, leurs éducations, leurs personnalités, leurs aspirations, mais ces différences, loin d'être contournées, cimentent leur amitié, créant une interrogation permanente, un *va-et-vient* qui transforme, confronte, interpelle, qui les tient à distance. Parce qu'elles ne sont pas semblables, elles deviennent inséparables, au-delà de leurs désaccords, au-delà de l'ennui et du temps. En 1929, Zaza n'a pas vingt ans, lorsqu'elle meurt d'une encéphalite virale. Hantée par cette mort, Simone de Beauvoir lui rendra hommage dans un bref roman, longtemps resté inédit, *Les Inséparables*. Elle y transpose sa relation avec Zaza, devenue Andrée, tandis que Simone se réinvente sous le prénom de Sylvie.

Au fil des pages, on assiste à ce que j'ai envie d'explorer dans ce chapitre, on découvre la puissance de l'amitié, non seulement en tant que socle, mais aussi dans la façon dont elle nous transforme. Elle est un réconfort qui agit doublement, en nous sécurisant, en nous donnant un ancrage, mais aussi en nous offrant la possibilité de changer, d'évoluer, de nous dépasser, d'aller au-devant de notre courage. Dans ses *Cahiers de jeunesse*, Simone de Beauvoir livre un paragraphe dont chaque phrase offre à celui qui les parcourt ce frisson de l'amitié : « Journée magnifique. J'ai retrouvé Zaza ! Toute l'année dernière et ces vacances, je l'ai crue loin, très loin de moi ; et voilà qu'elle était infiniment voisine et que nous allons être de vraies amies. Oh ! Le beau sens de ce mot ! Jamais nous n'avions parlé ainsi et je n'espérais pas que cela pût arriver – mais pourquoi aussi ne jamais croire au bonheur. Elle aussi souffre de son milieu ; elle connaît les mêmes pudeurs et les mêmes inquiétudes ; rapprocher nos deux solitudes ! [...] Quelque chose est né vraiment entre nous. »

Ce *quelque chose né vraiment* nous plonge au cœur du mystère, au centre de cette énigme qu'il nous faut traverser. Ma logique, tout au long de ce livre, est la même : pour honorer nos réconforts, il faut les reconnaître, s'arrêter sur eux, prendre conscience de ce que l'on banalise, revenir à ces trésors qui sont là devant nous. L'amitié en est un et la sociologue Eva Illouz nous incite précisément à percevoir ses particularités : « Alors que nous réalisons presque toujours que nous tombons amoureux, il faut parfois du temps pour comprendre que quelqu'un est devenu notre ami. L'amitié n'a donc pas pour origine un événement dramatique qui bouleverse notre vie ; elle n'implique pas de rituels sociaux clairs ou de "règles d'engagement" (comme faire la cour), et n'a pas non plus la même urgence que l'amour. » Alors comment se fait-il qu'en étant tenu par rien de tangible, l'amitié puisse exister ? D'où vient-elle ? Que permet-elle ? Pourquoi le réconfort qu'elle apporte dépasse la relation individuelle ? N'est-il pas nécessaire, un instant au moins, de se prendre à nouveau par la main ?

Qu'est-ce que l'amitié ?

Qu'est-ce que l'amitié ? Est-il possible d'y répondre ? En rédigeant ces pages, je suis allée poser la question à mon meilleur ami, Sébastien. Sa réponse, comme souvent, fut aussi singulière que sa personnalité. Il se contenta d'un simple message : « C'est réussir à se faire deviner n'importe quoi en donnant au maximum deux indices. » Il faut dire qu'ensemble, nous passons un certain temps à nous lancer des devinettes. C'est un jeu certes, mais de ceux qui, sous leur superficialité apparente, renforcent la complicité, attestent d'une connaissance de l'autre, marque ce territoire privilégié que nous évoquions au début de ce chapitre. C'est le témoignage effectif d'un amour. Or, n'est-ce pas de cela qu'il s'agit ?

Revenons sur l'origine du terme « amis ». Il vient du latin *amicus*. Littéralement, il désigne celui que l'on aime et qui est aimé en retour. L'étymologie nous rappelle donc qu'il n'y a pas d'autres normes, que celle d'être précieux l'un pour l'autre. Lorsqu'on demande au philosophe André Comte-Sponville de définir l'amitié, il répond, dans une interview donnée à *Philosophie Magazine* en 2021 : « Un ami, c'est quelqu'un que vous aimez et qui vous aime. Quelles différences alors avec la passion amoureuse ? D'abord la durée : la passion ne dure pas, jamais, sauf quand elle est malheureuse. L'amitié peut durer des décennies, voire toute une vie, et d'autant plus qu'elle est plus heureuse ! Ensuite le rôle de la volonté : on ne décide pas de tomber amoureux, ni de ne l'être plus ; on peut décider de devenir amis, en tout cas d'essayer, comme on peut décider de mettre fin à une amitié. Il y a aussi le rôle du désir sexuel, ordinairement absent de l'amitié, presque toujours présent dans la passion amoureuse (quoique je connaisse des exceptions dans les deux cas). Enfin la réciprocité, indispensable à l'amitié, pas du tout à la passion amoureuse ! » Un amour réciproque qui met à distance la sexualité, voilà ce que serait donc l'amitié. Autant dire que la définition est suffisamment ample pour y intégrer de nombreuses relations. Cet amour se décline. L'ami peut être un voisin, un collègue, un cousin, autrefois il pouvait être simplement épistolaire, aujourd'hui on peut le rencontrer sur Internet. Un ami peut être l'équivalent d'un membre de la famille et, pour certains, il prend la forme d'un animal de compagnie. Pour les enfants, bien souvent, les premières grandes amitiés commencent à l'école, et pour certains chanceux, elles dureront toute leur vie.

Dans son livre *La Langue géniale*, l'autrice Andrea Marcolongo évoque un autre mot : « l'amitié comme *amistà*, un terme italien littéraire, un pacte d'alliance dans les montagnes russes de la vie – je t'aime tel que tu es, tu es pour moi la trêve, jamais la guerre. » Ainsi regardée, l'amitié correspond à une fréquence particulière, une forme étrange, multiple, capable d'accueillir nos larmes, nos succès, nos mésaventures, nos absences. C'est un don, et non un solde à payer. Mais comment être certain d'une amitié ? Est-ce qu'il y a un rite de passage ? Un examen à réussir ? Une formule magique à connaître ? Et si les philosophes pouvaient nous éclairer ?

Aristote, l'alter ego

En philosophie, l'amitié est un thème choyé par les penseurs. Chez Aristote, l'ami est un « alter ego », un autre soi-même. L'amitié, qu'il nomme *philia*, n'est pas fondée sur l'utilité, sur le plaisir, encore moins sur le nombre de cafés partagés, mais consiste surtout à se comporter moralement, c'est-à-dire avec fiabilité, constance, honnêteté. Dans sa réflexion, l'amitié devient ce sentiment indispensable au bonheur individuel, mais aussi à la communauté politique, elle est ce qui doit lier les hommes, les citoyens, les humains. Et pourtant, Aristote sait combien elle est rare. La *philia* est un terme adopté par tous les Grecs, mais chez lui, c'est une amitié élective, elle est littéralement le fait de choisir quelqu'un.

Vous le percevez sans doute à travers ces explications, l'amitié aristotélicienne est exigeante, elle est bien autre chose qu'un bon moment passé ensemble. Dans *L'Éthique à Nicomaque*, il en dresse les contours : « L'amitié parfaite est celle que nouent les hommes bons les uns avec les autres et ceux qui se ressemblent sur le plan de la vertu. Ces gens-là, en effet, se veulent mutuellement du bien de la même manière, parce qu'ils sont bons et le sont par essence. Mais ceux qui veulent du bien à leurs amis dans l'intérêt de ces derniers touchent au sommet de l'amitié. Ces amis, en effet, s'aiment pour ce qu'ils sont et non par accident. » L'ami véritable, vertueux, est celui qui nous veut du bien, celui qui nous aide à avancer dans l'existence. Il est ce témoin qui nous aide à sortir de nous-même, à dépasser nos peurs, à rectifier nos comportements. Sa présence est notre baromètre, notre phare dans la nuit. Il est celui à qui l'on demande conseil, celui qu'on abreuve de messages, de « Tu crois que j'ai raison ? ». L'ami d'Aristote est plus que jamais une référence qui place la confiance au centre du lien, d'une manière bien plus significative que la relation amoureuse. On peut tomber amoureux sans confiance, sans que le *bien* soit le fil conducteur. On ne peut pas être ami sans cela, ce qui explique aussi combien les trahisons d'amitié sont douloureuses.

On comprend assez vite pourquoi cette amitié vertueuse est un modèle pour toutes les communautés humaines. En faisant du bien et de la confiance les piliers de la relation, on construit des sociétés solides et fonctionnelles. Ces principes peuvent se retrouver bien au-delà de l'Antiquité grecque et bien au-delà des relations à deux. Dans un livre étonnant, *The Familiarity of Strangers*, l'historienne Francesca Trivellato nous invite en Italie, entre les XVIIe et XIXe siècles. Elle y reconstruit l'histoire des connexions liant des acteurs économiques que rien ne prédispose à faire des affaires ensemble puisqu'ils vivent sur différents continents. Son enquête repose sur cette question : comment est-ce possible que des Juifs sépharades de Livourne, des Italiens de Lisbonne, des Hindous de Goa puissent s'entendre et faire des affaires ensemble ? Ils n'appartiennent ni aux mêmes communautés, ni aux mêmes ethnies, ni à la même culture et pourtant, en décortiquant plus de 13 670 lettres commerciales témoignant de leurs échanges, on constate la force et la durabilité de leurs liens. Ce miracle repose sur une chose fondamentale, il repose sur cette confiance exigeante qu'évoquait Aristote dans son *Éthique à Nicomaque.* Ces commerçants, pourtant étrangers les uns aux autres, finissaient par devenir familiers, grâce à leur fiabilité, leur honnêteté, leur intégrité. L'essence vertueuse de ces rapports permettait, non seulement des échanges commerciaux plus fluides, mais aussi de tisser un système pérenne et serein. Certes, cette vision de l'amitié est très loin de celle que l'on imagine aujourd'hui. Elle peut sembler distanciée et froide, elle n'est pas teintée de l'intimité qui nous semble indispensable dans notre monde contemporain, mais elle n'en demeure pas moins fondamentale. Elle réconforte par sa stabilité. Imaginez l'immense soulagement d'un monde où chacun veut du bien à l'autre, où l'on se choisit durablement avec rigueur et constance, où l'étranger peut devenir un autre soi-même que l'on respecte. N'est-ce pas une vision profondément désirable ?

Montaigne, le lien sacré

Mais j'entends déjà certains réagir à ces paroles et penser tout haut que l'amitié, la vraie, est bien plus vivante que ce modèle. Pourrait-on résumer Thelma et Louise, Chandler et Joey, Simone et Zaza, ou vos vingt-cinq ans d'amitié avec votre meilleure amie, à un lien vertueux ? Que dire du reste ? Des rires partagés ? Des souvenirs impérissables ? Des bêtises en commun ? Des hontes inavouables ? Des textos sans fin ? Ils sont bien entendu le fruit d'une confiance indéniable, mais surtout les preuves d'une vive complicité, absente de cette *philia* aristotélicienne. Les commerçants de Livourne sont fiables les uns pour les autres, mais ils n'ont pas le vécu qui leur octroie la possibilité d'être complices. Or, le réconfort ne vient-il pas aussi de cette connivence ?

Avant de rejoindre un autre regard philosophique, essayons de saisir ce qui se passe dans notre cerveau lorsque nous sommes avec un ami et pourquoi cela est si rassurant. Il existe actuellement de nombreuses recherches en neurosciences qui montrent que nous avons tendance, sans que l'on s'en rende compte, à calquer nos gestes, nos expressions, notre comportement sur les personnes avec qui nous interagissons régulièrement. L'imagerie fonctionnelle parvient désormais à mesurer l'activité cérébrale de deux personnes en train d'échanger. On peut remarquer que plus elles sont proches, plus leurs activités cérébrales vont se synchroniser. Cette synchronisation existe déjà entre un parent et son enfant, cependant cela est plus étonnant de mesurer que c'est aussi le cas avec nos amis intimes, ceux avec qui nous dialoguons beaucoup. La scientifique Shannon Odell explique la puissance de ce phénomène dans une conférence TEDx consacrée à la question : « Les amitiés plus étroites peuvent donner l'impression d'être physiquement connectées, deux corps et deux esprits parfaitement synchronisés. Et la science le démontre ! Votre capacité à vous connecter aux autres dépend de la coordination des actions, des pensées, des émotions et de la physiologie. C'est ce que les psychologues appellent la synchronisation interpersonnelle. [...] Par exemple, imaginez une promenade dans la rue avec un ami. Bien souvent, sans y penser, vous avancez au même rythme et suivez le même chemin. Vous et votre meilleur ami pouvez être sur la même longueur d'onde, mais aussi sur le plan scientifique, en phase. » Est-ce ce que mon ami Sébastien veut exprimer lorsqu'il dit que l'amitié consiste à se faire deviner des choses rapidement ? Est-ce parce que nos cerveaux sont reliés et qu'ils se synchronisent malgré nous ?

Bien que très loin des recherches en neuropsychologie, pour Michel de Montaigne aussi, c'est la connivence qui prime dans la relation amicale. Attention, l'idée n'est pas d'évacuer le critère de vertu proposé par Aristote, mais d'investiguer un peu plus cette intimité qui peut même exister en dépit de la mort. Chez Montaigne, ainsi qu'il l'écrit dans ses *Essais*, la « parfaite amitié » est une entente totale. Aussi rare que l'amitié aristotélicienne, elle est le lieu où « chacun se donne si entier à son ami ». Si cette dernière expression rejoint ce que nous présentions sur le principe de synchronisation interpersonnelle, c'est sans doute que Montaigne, plus que beaucoup d'autres auteurs, a fait intensément l'expérience de cette intimité. Car sa relation avec Étienne de La Boétie illustre parfaitement mon propos et si elle a déjà été longuement commentée dans l'histoire de la pensée, nous sommes obligés de la faire apparaître ici tant nous avons à apprendre d'eux.

Montaigne a vingt-cinq ans lorsqu'il rencontre La Boétie. Ils siègent tous les deux au Parlement de Bordeaux et Montaigne souhaite le rencontrer car il a lu, avec un vif intérêt, un de ses écrits. Tous les deux humanistes, convaincus des bienfaits de la paix et de la réflexion, ils nouent un lien qui dépasse de loin ces raisons objectives. Dès leur rencontre, ils « tombent littéralement en amitié », comme si leurs destins n'avaient d'autre choix que de se nouer. Aucune explication ne peut résumer le caractère sacré du fil qui les unit : « Si on me presse de dire pourquoi je l'aimais, je sens que cela ne se peut exprimer qu'en répondant : "Parce que c'était lui ; parce que c'était moi." » Même mille fois répétée, cette formule est toujours aussi bouleversante. Montaigne insiste sur cette « soudure fraternelle » où les âmes finissent par se synchroniser au point de se relier. Chez eux, le lien amical est une expérience unique où l'individu devient lui-même parce qu'il est auprès de l'autre, parce que grâce à l'autre, il prend conscience de qui il est. Plus qu'un espace de confiance, l'amitié est un espace sacré. Cette amitié totale ne durera que six ans, jusqu'à la mort de La Boétie, qui succomba à trente-deux ans de la dysenterie, laissant Montaigne orphelin de son amour, inconsolable, certain que la puissance de leur amitié demeurera irremplaçable : « Un monde qui est pour nous le monde, le seul monde [...] sombre dans un gouffre dont aucune mémoire [...] ne pourra le sauver. »

De la délicatesse

La jeune femme luttant contre le cancer que j'évoque au début de ce chapitre, Simone de Beauvoir et Michel de Montaigne nous placent face à la perte et à la lucidité qu'elle impose. Cependant, aussi ébranlants que soient ces récits, nous n'avons pas besoin de perdre nos amis pour mesurer leur importance. Peut-être avons-nous simplement besoin de regarder en arrière, de faire défiler notre passé comme un album photo. Qui étions-nous avant Lui ? Avant Elle ? Avant Eux ? Combien sommes-nous à être conscients que nos amis nous ont fait grandir et nous ont *transformés* ? Non pas parce que nous étions incomplets, mais parce que nous avons, grâce à eux, accédé à une autre dimension de nous-même, précisément parce que l'ami est à la fois proche et différent de nous. Car si la synchronisation interpersonnelle est passionnante pour saisir la pérennité du lien, la différence n'est-elle pas plus passionnante encore pour en percevoir le mouvement ?

Au début de ce chapitre, je mentionnais le *va-et-vient* entre Simone de Beauvoir et Zaza. Ce *va-et-vient* qui dérange, confronte, questionne. Nous remarquons souvent que nos amitiés les plus fortes ne sont pas toujours celles que nous avons avec des individus semblables à nous, au contraire. Ce « sacré » dont parle Montaigne ne prend-il pas racine dans ce frottement, dans une envie de dialogue, parce qu'on cherche chez l'ami ce que nous ne trouvons pas chez nous ? L'anthropologue Jean-Pierre Vernant place l'amitié en haute estime et rend hommage à la transformation qu'elle opère en nous. Dans un témoignage très marquant issu de son ouvrage *Entre mythe et politique*, il raconte l'apprentissage de l'altérité : « L'amitié a aussi de particulier qu'elle nous change. Pour revenir à la Résistance, c'est une expérience qui a changé ceux qui l'ont vécue. Avant guerre, j'avais mes groupes d'amis qui pensaient comme moi. Pendant la guerre, je me suis trouvé proche de gens qui étaient des militants catholiques, ou même qui avaient été membres de l'Action française. Le fait d'avoir pris ensemble, avec passion, des risques très grands m'a conduit à ne plus les voir de la même façon, et moi, je ne suis plus exactement le même depuis. [...] Et l'amitié, c'est cela aussi : s'accorder avec quelqu'un qui est différent de soi pour construire quelque chose en commun. »

L'ami est un alter ego, un complice, un témoin de notre vie, et fondamentalement, un *autre*, sans qu'aucune de ces composantes ne se contredisent. Car l'amitié est aussi un courage, celui d'accueillir la présence autant que la distance et d'avoir la délicatesse de ne pas faire du *en commun* un dogme qui fige les identités. En témoigne les sublimes paroles d'Albert Camus à René Char, dans leurs *Correspondances*, des pages qui subliment cet engagement sans l'emprisonner : « Plus je vieillis et plus je trouve qu'on ne peut vivre qu'avec les êtres qui vous libèrent, qui vous aiment d'une affection aussi légère à porter que forte à éprouver. [...] C'est ainsi que je suis votre ami, j'aime votre bonheur, votre liberté, votre aventure en un mot, et je voudrais être pour vous le compagnon dont on est sûr, toujours. » Le compagnon sûr, tout en nous libérant, n'est-ce pas cela l'ami véritable que nous tentons de dessiner depuis le début de cette réflexion ? Celui dont la constance, la cohérence et la délicatesse assurent un immuable refuge ?

L'amitié, une force vitale

Il y a une scène qui m'a toujours énormément touchée dans la série *Friends*. Diffusée de 1994 à 2004, elle raconte les déboires de trois jeunes femmes et trois jeunes hommes new-yorkais liés par une profonde amitié. Au fil des 236 épisodes, on assiste à une réflexion détaillée sur les modalités amicales, sur ce qu'elles permettent, sur ce qu'elles imposent de fidélité, de mensonges, de trahison, de bonheur, de soutien. Autant dire qu'il aurait été presque insolent d'écrire ce chapitre sans les mentionner. Parmi ces personnages, il y en a deux qui illustrent particulièrement tout ce que nous venons de voir. Initialement colocataires, Chandler et Joey partagent très vite plus qu'une cuisine et une salle de bains. Incarnant une solide complicité, ils sont présents l'un à l'autre aussi bien pour regarder la télévision que pour se consoler. Dans l'épisode 16 de la saison 2, Joey commence à mieux gagner sa vie et décide de vivre dans son propre appartement. Avant de partir, il laisse à Chandler son baby-foot afin qu'il puisse s'entraîner et le serre fort dans ses bras. En mêlant l'objet symbolique de leur connivence et une tendresse physique assumée, la scène cherche non seulement à mobiliser nos émotions, mais surtout à souligner que l'amitié est une puissance qui, loin d'empêcher, renforce les individus. L'amitié entretient notre vitalité. Elle n'est pas une sphère dans laquelle les changements sont redoutés, mais au contraire, c'est une sphère dans laquelle les changements sont accompagnés.

Les amis sont des tuteurs pour nos colonnes vertébrales fatiguées. En termes chinois, « nourrir son énergie », c'est prendre soin de son « capital de vie », veiller à entretenir l'élan. On y parvient, en ne laissant pas notre vitalité s'obstruer, s'enliser, stagner, mais en la maintenant éclatante. Alors peut-être est-ce ici que réside la véritable question. Quels sont les choses et les gens qui augmentent notre puissance d'être ?

L'anthropologue Robin Dunbar, dans un ouvrage passionnant nommé *Amitiés : la nature et l'impact de nos relations les plus importantes*, propose un panorama de la recherche scientifique sur ce thème. L'un des points qui ressort des études qu'il décortique confirme cette idée de sécurité amicale. Robin Dunbar explique que notre nombre d'amis est déterminant. L'homme a beau être un animal social, la sociabilité est un jeu éprouvant, et comme chez d'autres primates, la taille de notre cerveau conditionne celle de notre réseau social. Ainsi les recherches révèlent que nous ne pouvons pas entretenir de rapports dignes de ce nom avec plus de cent cinquante personnes. En outre, Robin Dunbar observe, en s'appuyant sur une étude menée en 2021 dans treize pays européens, que les symptômes de dépression sont minimisés si nous avons environ cinq amis proches. Si nous en avons deux ou trois, ou au contraire sept ou huit, le nombre de symptômes à tendance à augmenter. Ces chiffres prouvent que l'amitié n'est pas un agréable superflu. Ses bienfaits sur notre bien-être psychologique et physique sont immenses. Dans un monde sans cesse menaçant et changeant, il importe pour en bénéficier de les entretenir avec souplesse et constance. Cette ambition n'est pas cynique ni utilitariste, elle vient simplement confirmer nos explorations depuis le début de ce chapitre. L'amitié est une notion fondamentale qu'il nous appartient de soigner.

L'amitié, modèle de société

Et si, à travers toutes les richesses que nous venons de mettre en exergue, nos liens d'amitié dépassaient la relation individuelle, nous aidaient à penser le monde ? Et s'ils nous inspiraient pour reconstruire notre *vivre-ensemble* et pour réconforter, non seulement l'individu, mais aussi la société ?

C'était l'ambition d'Aristote, qui faisait de la *philia* un indispensable de la communauté politique. C'est aussi le cas chez Cicéron, car pour lui la seule légitimité que puisse avoir un régime politique est celle que lui confère l'amitié, qui s'oppose à la terreur, caractéristique de la tyrannie. Pour le comprendre, demandons-nous : qu'est-ce qu'un tyran ? C'est avant tout quelqu'un d'irrémédiablement seul, incapable « d'aimer personne et d'être aimé par personne », comme l'écrit Cicéron, dans son traité *De l'amitié*. Si notre société n'est remplie que de tyrans solitaires, marquée par un individualisme toujours plus décomplexé, il est impossible de concevoir autre chose qu'une place publique où règnent mensonge, jalousie, instabilité et méfiance : « C'est là l'existence des tyrans, indiscutablement, en laquelle il n'existe aucune sincérité, aucune tendresse, aucune affection durable auxquelles on puisse se fier : tout y est toujours suspect et alarmant, point de place pour l'amitié », ajoute-t-il. Loin d'être cantonnée à la sphère privée, l'amitié devient donc un horizon politique majeur. C'est aussi le fondement de la devise républicaine française, « Liberté, égalité, fraternité ». L'égalité y est encadrée par la liberté et la fraternité. Sans liberté, l'égalité est rompue, et sans fraternité, l'égalité est un mot vide de sens et de réalité. Alors, il est peut-être temps de se rappeler que le *faire société* est aussi un *faire amitié*.

À nos inséparables

Quelle odyssée venons-nous de mener ! L'ami. Le vieil ami. L'amie d'enfance. L'ami de vingt ans. L'ami avec qui on ne compte plus le défilé du temps. Celui rencontré en maternelle, en primaire, au collège, au lycée, dans un premier travail, ou au hasard d'une fête. L'ami croisé chez le coiffeur ou au café. L'ami qui est là, toujours là, refuge dans l'impermanence des jours, dans le dispersement, dans la consommation des âmes. L'ami qui câline, devine, se souvient. Avec l'ami, pas d'excuses, pas d'introduction. Un appel, une évidence, la conversation est toujours en suspens. On oublie les manières, les inutiles précautions. Car l'ami sait. Car il était là quand c'était beau, quand c'était fort, quand c'était drôle, et même quand ça faisait mal. L'ami, les amis, qui nous confèrent la plus intarissable des puissances.

Ce n'est ni une dette ni une habitude forcée, mais peut-être l'envie farouche nous conduisant à vouloir envelopper l'autre de notre solidité, de notre douceur, de notre fierté. Un territoire exempt de lutte, de concurrence, un asile pour nos âmes épuisées et une inspiration pour notre société en mal d'amitiés. N'est-ce pas pour ces raisons que le philosophe Ralph Waldo Emerson adresse ces mots à Henry David Thoreau : « L'amitié a pour finalité le commerce le plus absolu et le plus simple que l'on puisse entretenir, plus absolu que tous ceux que nous avons connus. Elle est une aide et un réconfort dans tous nos rapports avec la vie et la mort » ? Sans rite de passage, sans contrainte dogmatique, elle ne demande qu'à être entretenue, qu'à lui dédier des pages dans nos journaux intimes.

En bref, pourquoi l'amitié nous réconforte ?

- Parce que l'amitié nous aide à prendre conscience de ce que l'on est.
- Parce que l'amitié nous confronte à la différence.
- Parce que l'amitié développe nos aptitudes neuronales.
- Parce que l'amitié est un refuge.
- Parce que l'amitié est importante pour la santé.
- Parce que l'amitié nous inspire pour le reste de notre vie.

Bibliographie

Simone de Beauvoir, *Les Inséparables*
Cicéron, *De l'amitié*
Philosophie Magazine n° 50, « L'amitié. Ce que nous avons de meilleur ? »
Robin Dunbar, *Amitiés : la nature et l'impact de nos relations les plus importantes*
Michel de Montaigne, *Les Essais*
Francesca Trivellato, *The Familiarity of Strangers*
Jean-Pierre Vernant, *Entre mythe et politique*

Chapitre 5

ÉLOGE DE L'ÉCLAT DE RIRE

Pourquoi le rire est aussi sérieux ?

« Ceux qui cherchent des causes métaphysiques
au rire ne sont pas gais. »

Voltaire

C'est l'histoire d'un Belge. C'est l'histoire de deux Slaves dans la neige qui ont bu trop de vodka. C'est l'histoire d'une girafe en couple avec un éléphant. C'est l'histoire d'un psychanalyste et d'un juriste qui attendent le bus. C'est l'histoire d'un rabbin en Lituanie, ou non, c'est l'histoire de Batman qui n'aurait plus de cape. C'est une histoire qu'on raconte et qu'on transmet. C'est inapproprié, amer, vengeur, vulgaire, attendu, pathétique, élégant, savoureux, tendre, pince-sans-rire, décalé, libérateur, salace, délicat, répétitif et parfois même intelligent ou fou. C'est un dérapage, un pamphlet, un cadeau, un mot d'esprit, une capture d'écran sur un réseau social. Ce sont les Monty

Python, Pierre Desproges, Philip Roth, les Marx Brothers, Laurel et Hardy, Romain Gary, Judd Apatow, Jon Stewart, Dave Chappelle, Albert Dupontel, Éric et Ramzy, Sylvie Joly, les frères Coen, Charlie Chaplin, Laura Felpin, les Simpsons ou Nora Hamzawi. C'est la récompense des blagueurs, des plaisantins, des loustics, des farceurs, des joyeux lurons, des gens d'esprit. C'est dans la barbe, c'est au nez de quelqu'un, c'est à gorge déployée, ça va jusqu'aux larmes, c'est parfois jaune ou intérieur. C'est le rire, aussi reconnaissable que mystérieux. Et profondément réconfortant.

Je crois que nous sommes nombreux à l'avoir vécu en 2020, alors que nous passions nos journées confinés, soumis aux restrictions sanitaires liées à la pandémie du Covid-19. Angoissés, assaillis par l'ennui, limités aux murs de nos appartements et à la répétition incessante des mêmes tâches, il n'était pas facile de trouver un souffle d'air et nous avions grand besoin de réconfort. C'est alors que se développa un singulier phénomène. Un ouragan de rires numériques se mit à envahir les réseaux sociaux. Prenant la forme de vidéos, de mèmes ou de posts humoristiques, nous avons vu arriver sur nos écrans des héros de l'humour, des centaines de milliers d'inconnus, créant du contenu en étant farouchement convaincus que la seule manière de traverser cet épisode et de nous relier au-delà de nos solitudes était de rire ensemble. En France, la productrice Julie Mamou-Mani, sous le pseudonyme Mamouz, en fut un bon exemple, décidant de partager chaque jour sur Instagram, sans jamais faiblir, des images, des contrepèteries, des pirouettes et des bons mots. L'ambition n'était pas la finesse d'esprit mais bien d'offrir aux autres quelques secondes de répit malgré la période difficile. Dans une interview, donnée quelques mois plus tard, Julie Mamou-Mani expliqua en ces termes l'engouement pour son compte : « L'humour est une forme de résistance face à l'incontrôlable. Comme le dit si bien Romain Gary : "L'humour est l'arme des désarmés." Nous sommes tellement impuissants face à cette pandémie que si on peut malgré tout en rire et s'en moquer, c'est déjà bien ! » Rire pour faire face à l'impuissance et pour retrouver du courage, voici la définition même du réconfort que nous poursuivons dans ces pages.

Le phénomène ne se limita pas à la France. Aux États-Unis, l'application TikTok fut téléchargée 65 millions de fois au cours du mois de mars 2020, devenant rapidement la plateforme de référence pour partager de courtes vidéos sur la frustration d'être enfermés. Jouant sur l'absurde et la dérision, le support devint une soupape afin de libérer ses peurs et son agacement. Une femme prenant un bain de gel hydroalcoolique, tandis que son mari chante « Un peu de désinfectant dans ma vie » sur l'air de *Mambo No. 5*, fut le genre de contenu partagé des milliers de fois. Karen North, spécialiste des réseaux sociaux à l'université de Californie du Sud, précisait à l'époque, dans un article du *Los Angeles Times*, une dimension fondamentale : « Personne ne fait des blagues sur la maladie. Les gens rient de la façon dont nos modes de vie ont été bouleversées. En ce moment, nous avons une vision commune du monde, c'est sans précédent. » Le besoin de communier en riant autour d'une situation angoissante est une des raisons évidentes qui légitime la présence du rire dans un livre sur le réconfort.

Mais aussi spectaculaire que fût cette avalanche de rires libérateurs en 2020, le phénomène n'est pas nouveau. On retrouve cette volonté de transcender le drame en riant dans de nombreux récits. Une histoire me vient en particulier. En 1964, le journaliste américain Norman Cousins découvre qu'il souffre d'une spondylarthrite ankylosante. Il s'agit d'une forme sévère d'arthrite qui génère des douleurs aiguës et qui dans son cas provoque un engourdissement de la mâchoire. Les médecins sont peu optimistes quant à l'amélioration possible de son état. Bouleversé par la nouvelle et son horizon funeste, il décide pourtant d'opter pour la bonne humeur. Refusant de se résigner, Cousins prend les choses en main. Il quitte l'hôpital, s'installe à l'hôtel, se fait projeter les meilleurs films comiques, découvre les vertus thérapeutiques de l'humour, réduit son traitement à de fortes doses de vitamine C et finit par guérir.

Loin de moi l'idée de promouvoir une vision idéalisée et simpliste du parcours médical : certaines maladies ne se soignent pas et nous n'avons pas toujours les ressources pour rire. Simplement, il y a ici l'idée précieuse que le rire a la possibilité d'apaiser. C'est cette découverte, ses suites et ses enseignements que Cousins raconte dans son livre, *Comment je me suis soigné par le rire* : « Je dis que le rire n'était pas seulement important parce qu'il procurait de l'exercice à une personne étendue sur le dos – une sorte de jogging pour les parties internes –, mais parce qu'il engendrait un état d'esprit qui permettait aux autres émotions positives de se manifester. En un mot, le rire permet à de bonnes choses d'arriver. » Que ce soit durant le confinement, pour supporter une maladie ou pour relâcher notre stress, le rire est cet outil miraculeux qui nous soulage. Dès que nous commençons à prendre la vie avec humour et à essayer de dénicher le comique dans une situation éprouvante, nous changeons d'angle. Dans une brillante conférence TEDx, Joel Goodman, le fondateur de The Humor Project, insiste sur le fait que « l'humour prévient le raidissement des dispositions ». C'est-à-dire que l'humour allège et fluidifie des situations qui nous semblaient menaçantes et qui nous tiraient vers le bas. Rire offre alors non seulement du réconfort en nous distrayant sur l'instant, mais aussi un regain d'énergie pour faire face aux difficultés.

Fédérateur, salvateur et encourageant. Mais pour être tout à fait juste concernant la vertu réconfortante de l'humour, il nous faut d'abord le définir, non seulement le décortiquer pour en cerner les subtilités mais surtout nous demander si tous les rires font rire. Lorsque le rire nous apaise, par quel mécanisme parvient-il précisément à faire voir la réalité autrement ? Est-ce que cette fonction thérapeutique du rire est valable quel que soit le type d'humour mobilisé ? Le rire ne peut-il pas parfois être destructeur ? Bref, n'est-il pas temps de prendre le rire au sérieux ?

Un son bruyant

Nous sommes en 1996, en CE1, dans la classe de Mme Velitchkine. Alors que nous rédigeons une composition de français, un pigeon vient se cogner à la fenêtre faisant bondir notre professeure qui, dans une réaction en chaîne, trébuche de l'estrade. Nous rions tous de cette scène cocasse, pourtant aucun rire ne fut aussi mémorable que celui de Franck K., assis à côté de moi. Franck K. avait le genre de rire dont on se souvient. Un rire si aigu, si marqué, qu'il devenait en lui-même un objet de gloussements. Lorsque j'interroge le rire, c'est souvent à lui que je pense. Cette scène me revient et ses intonations résonnent encore dans ma tête.

Alors commençons peut-être par là, par le rire en tant que sonorité. Si l'on suit la définition proposée dans le dictionnaire Le Robert, le rire est « l'expression de la gaieté par l'élargissement de l'ouverture de la bouche accompagné d'expressions saccadées plus ou moins bruyantes et aiguës ». Il implique un relâchement de la tenue du corps, il est fait de soubresauts, de spasmes, de hoquets, de sons inarticulés qui traduisent chacun une forme d'allégresse. Il est donc l'alliance singulière d'un sentiment et d'une réaction corporelle à la fois visuelle et sonore. L'heureuse union de l'âme et du corps. La résultante de l'humour. L'éclosion du premier rire, chez l'enfant, serait située entre deux et quatre mois. Il dépendrait d'un pattern de base, d'un héritage génétique universel, faisant l'objet de variations individuelles à la fois stables, comme le style de chaque rieur, et fluctuantes, en fonction des situations stimulatrices, des états psychoaffectifs du sujet, du contexte social mais aussi du terreau éducatif. Le rire est donc un phénomène physique autant qu'un fait culturel et historique.

Nous verrons ces aspects un peu plus loin, mais pour l'instant, en observant son usage, concentrons-nous sur ses propriétés, sur ce qu'il crée.

Créer du lien

Ce son bruyant, parfois si mémorable, est une immense récompense pour celui qui fait rire. Toute personne ayant déjà été en contact avec un bébé le sait, nous sommes souvent prêts à tout pour provoquer ce rire saccadé des premiers mois, absolument irrésistible. Le rire semble être la preuve que l'interaction est « réussie », c'est-à-dire qu'il devient en lui-même une sorte d'agent de liaison entre l'adulte et le bébé. La chercheuse en psychologie Adrienne Wood explique que le rire renforce les interactions aimantes et présente des bénéfices évidents dans un contexte d'évolution. En effet, un bébé qui joue par exemple à « coucou caché » avec ses parents ne fait pas que rire, il acquiert d'importantes compétences pour son développement. C'est évidemment le plaisir d'être en relation qui prime, mais cela lui permet en outre d'expérimenter ce que l'on nomme la « permanence de l'objet », le fait que l'objet demeure même lorsqu'on ne le voit pas. Cette acquisition est fondamentale pour appréhender sereinement la séparation.

En grandissant, le rire est souvent investi par les bébés eux-mêmes. Ils prennent plaisir à imiter, à provoquer des situations comiques, pour montrer qu'ils appartiennent au groupe et qu'ils ont si bien compris comment les choses fonctionnaient qu'ils peuvent en détourner l'usage. Le rire, dans la prime enfance, est donc une preuve tangible d'attachement et de considération, mais il est aussi un immense facteur de développement comportemental.

Ces points sont exacerbés lorsqu'on évoque les bébés, cependant n'est-il pas indiscutable que nous fonctionnons aussi de cette façon ? Combien d'amitiés adultes se nouent autour du rire ? Combien de groupes d'amis perdurent grâce au rire comme la marque de leur complicité ? Ce retentissement qu'est le rire est donc avant tout une adresse aux autres, un point d'ancrage collectif, ce qui confirme pourquoi nous en avons tant besoin, il garantit une appartenance rassurante, comme ce fut le cas pendant le confinement.

Retrouver la santé

Mais ce son bruyant a aussi un autre impact, il n'est pas seulement bénéfique eu égard à la construction de nos liens, il est également précieux, comme nous l'évoquions dans l'introduction avec Norman Cousins, pour son aspect thérapeutique, de même que la beauté dans le chapitre que nous lui avons consacré. Revenons un instant sur cette idée pour comprendre de quelle façon il peut véritablement soigner.

Vous avez peut-être déjà entendu le slogan « Riez et vous serez en bonne santé ! », créé dans les années 1990 par le Dr Madan Kataria pour améliorer le quotidien de ses patients. Le yoga du rire fut l'une des premières approches ayant permis de démontrer les bienfaits réels du rire sur la santé. Les études encourageantes, confirmées par la Fédération française de cardiologie, incitèrent à créer des « clubs de rire » pour réunir les patients autour de cette méthode. Le principe est simple à comprendre. Le cerveau ne faisant pas la différence entre un rire naturel et un rire provoqué, cette pratique vise à mimer le rire. Il s'agit dès lors d'ouvrir grand la bouche, d'augmenter la quantité d'air ventilé dans le corps et de libérer le diaphragme. En une vingtaine de minutes, les muscles sont sollicités, les organes sont massés, la pression artérielle redescend et l'ensemble du corps profite de bienfaits. Ce qui se passe, c'est qu'en nous distrayant et en réduisant les tensions musculaires, le rire agit directement sur la douleur. Il augmente la production de catécholamines, des anti-inflammatoires aux propriétés antidépressives qui agissent comme une morphine naturelle. En outre, il augmente également la sécrétion des hormones du bonheur et du plaisir que sont les endorphines, la sérotonine et la dopamine. En parallèle, le taux de cortisol diminue, provoquant là encore une réduction de l'anxiété. La démarche peut vous sembler curieuse. Vous avez peut-être du mal à vous imaginer dans une salle simulant des éclats de rire, mais quoi qu'il en soit, les faits sont là. C'est à cette réalité physiologique qu'accédait Norman Cousins dans sa guérison, sans le théoriser scientifiquement. Alors certes, le yoga du rire est un rire que l'on force mais sa puissance demeure indiscutable et met en lumière ce qui s'enclenche aussi dans nos rires naturels.

En somme, arrivés à ce stade de réflexion, nous pourrions dire que le rire est ce qui nous attache aux autres et ce qui libère nos tensions. C'est dans ce mouvement paradoxal d'attachement et de libération que le rire devient noblesse, absolu réconfort. Au regard de ces résultats physiologiquement prodigieux, il est étonnant de lire des études démontrant que les individus laissent de moins en moins place au rire. En effet, alors que le temps moyen de rire quotidien était de dix-neuf minutes dans les années 1930, il est désormais en dessous des cinq minutes, selon Corinne Cosseron, fondatrice de la rigologie et de l'École internationale du rire. Est-ce à dire que nous n'avons plus l'espace pour rire ? Comment renouer avec ce rire si réconfortant ? Pour y répondre, il est temps de plonger non plus dans les *fonctions* du rire mais dans les *sujets* du rire. Car au fond, la question est peut-être de savoir quel est notre rire pour mieux le retrouver.

Les différentes théories du rire

On dit souvent que l'humour est une chose trop sérieuse pour être confiée à des rigolos. C'est peut-être pour honorer cet adage que les philosophes se sont emparés du rire avec lequel ils entretiennent un rapport aussi contrarié qu'ambigu. À la question « Pourquoi rit-on ? », ils ont en tout cas donné un panel d'explications classées, *a posteriori*, selon trois grandes théories.

La théorie du sentiment de supériorité et de plaisir dans la dégradation

Le premier type de rire auquel nous avons accès est celui du *sentiment de supériorité et de plaisir dans la dégradation*. Qui n'en a pas déjà usé ? Cette théorie met l'accent sur l'agressivité inhérente au rire, sur notre amour profond du sarcasme et de la moquerie. Ici, le rire est perçu uniquement à travers le prisme du « rire de l'autre », du « rire *contre* l'autre ». Jusqu'à présent, nous avons montré combien le rire était un liant mais c'était omettre un peu vite qu'il peut aussi être un immense poison social. Dans cette version, le rire se remplit de quelques syllabes pour devenir ridicule. C'est l'ambiance *Vidéo Gag*, Bart Simpson ou encore *Jackass*. On se moque du voisin qui glisse sur une peau de banane, de notre sœur qui fait tomber sa glace sur son pull, du passant qui se prend une vague en plein nez.

C'est cette théorie qui intéresse particulièrement les philosophes de l'Antiquité, en particulier Platon, Aristote et Cicéron. C'est principalement dans le *Philèbe* que Platon présente ses conceptions sur le rire. Si le rire est plaisir, il se mêle trop souvent au ridicule pour ne pas devenir douleur. Car trouver l'autre ridicule, nous dit Platon, repose avant tout sur l'envie qu'on éprouve de se sentir au-dessus de lui, et l'envie pour le philosophe est une douleur de l'âme. L'envieux se réjouit des malheurs d'autrui parce qu'il pense en être à l'abri. Le mécanisme est le suivant : je ris de voir l'autre ridicule, parce que je suis certain que pendant cet instant, au moins, ses déboires ne sont pas les miens. Cette attitude pour Platon est l'expression d'une souffrance, d'une faille évidente, bien plus que d'un moment de détente. « Voilà donc, par là, quelle est la nature du ridicule, écrit Platon, en somme, c'est un vice mais qui emprunte son nom à une disposition spéciale. » Un vice, le mot est lâché. Le ridicule implique de surcroît un problème moral. Car si le ridicule observé chez l'ennemi provoque un rire qui peut nous sembler légitime, en revanche le ridicule de nos amis déclenche un rire qui peut être mauvais, injuste et peu recommandable. Au lieu d'un rire franc prend place un rire étouffé, nous confrontant à l'ambiguïté de nos jugements.

Autant dire que dans tous les cas, ici, le rire est douleur. Douleur de l'envie qui nous fait rire par moquerie, douleur de la culpabilité, quand on rit en vertu d'un plaisir qu'on ne devrait pas ressentir, par amitié ou du moins par charité. C'est la double peine du rire platonicien. Dans *La République*, Platon va encore plus loin. Le rire est un bouleversement de l'âme qui n'est pas digne des gardiens de la Cité, une « grimace de laideur », obscène, inconvenante, perturbatrice et dangereuse, il suppose une perte de la maîtrise. Il est indigne des hommes responsables, nobles et libres. Nous sommes ici très loin des vertus thérapeutiques évoquées jusqu'à présent et l'on saisit aisément que, tel quel, le rire n'a rien de réconfortant.

Aristote partage cette vision négative du rire. Dans la *Poétique*, le rire appartient au champ des laideurs, des choses basses et méprisables, à la dégradation. La Cité de Platon et celle d'Aristote sont régies par la beauté des convenances, par la volonté d'ordre, que le rire vient perturber en symbolisant le désordre et la dysharmonie. Le rire est à prohiber parce qu'il trouble les normes sociales. Chez Aristote, il n'est même pas douleur mais simplement laideur : « Le comique n'est qu'une partie du laid, en effet, le comique consiste en un défaut ou une laideur qui ne causent ni douleur ni destruction ; un exemple évident est le masque comique : il est laid et difforme sans exprimer de douleur. » On rit des défaillances de l'autre, de ses défauts d'ordre physique, moral ou intellectuel, et on devient laid à son tour.

Cicéron ajoute que le rire est aussi une arme sociale, à la fois offensive et défensive. Le pouvoir de se moquer de l'autre devient aussi celui de s'en protéger. On l'attaque pour s'immuniser. C'est flagrant dans le monde politique par exemple. Dans un passage de son ouvrage *De l'orateur*, Cicéron l'explique en ces termes : « Ainsi, tromper l'attente des auditeurs, railler les défauts d'autrui, relever avec esprit les nôtres mêmes, jeter le ridicule par une comparaison plaisante, déguiser nos pensées véritables par l'ironie, laisser échapper à dessein des naïvetés, reprendre les sottises de nos adversaires ; autant de moyens de faire rire et de se mettre à l'abri. » Douleur, laideur, protection et agressivité, le rire ainsi présenté n'a rien de réconfortant, au contraire, il abîme et humilie et l'on peut se réjouir, dans ce cas, de si peu rire dans une journée. Mais le rire est-il résolument moquerie ? La destinée du rire est-elle forcément de rire de l'autre pour ne pas rire de soi ? Fort heureusement d'autres théories existent.

La théorie de la décharge

Il y a quelques années, je me souviens d'avoir vécu une scène particulière dans un train me ramenant de Marseille à Paris. Nous avions eu beaucoup de retard dès le départ et une fois parti le train ne cessait de s'arrêter au milieu de la voie. L'ambiance était lourde et pesante, les explications du contrôleur particulièrement floues. Les voyageurs semblaient fatigués, anxieux à l'idée de rentrer tard chez eux ou de manquer des correspondances. Au bout d'un certain temps, une énième annonce nous indiqua que, à la suite d'une panne électrique, nous allions devoir patienter deux heures trente. Une vague de désarroi s'empara du wagon. C'est alors qu'une femme éclata de rire. Son rire était tellement compulsif, qu'il provoqua une hilarité générale. Sa fatigue et son stress étaient tels que ses nerfs avaient lâché, transformant par la même occasion l'état d'esprit des passagers épuisés.

Cette anecdote illustre parfaitement la seconde théorie, qui est celle du rire de relâchement. Loin de la moquerie, nous avons ici affaire au rire fou autant qu'au fou rire. Dans cette perspective, le rire libère la pression générée par le refoulement de certains comportements prohibés par la collectivité, en particulier le contrôle des affects. C'est le rire de l'interdit et de l'inapproprié. Le rire que l'on trouve dans les salles de classe, à l'Assemblée nationale, en plein JT de 20 heures, ou même celui qui nous submerge lorsqu'on monte des meubles Ikea. On rit précisément parce qu'on ne devrait pas rire mais qu'on ne peut pas s'en empêcher. La théorie de la décharge est une ode au rire de crise, ce rire si particulier qui cascade et qui perle au coin des yeux, ce rire des nerfs qui n'en peuvent plus de tenir et de se discipliner.

C'est aussi le rire de la Renaissance, en particulier celui de l'écrivain Rabelais. De renaissance il est bien question, car sous sa plume le rire est anobli, loin de la vision négative de l'Antiquité. Chez lui, le rire exprime la joie de vivre, il est inhérent aux plaisirs sensoriels. Il n'emploie pas le terme de « rire thérapeutique », mais l'idée est là puisque, selon lui, le rire participe à l'hygiène mentale, entretenant la santé individuelle. Revoilà donc notre perspective de réconfort ! Dans son *Gargantua*, Rabelais s'adresse aux lecteurs et livre une délicate injonction à rire : « Amis lecteurs qui ce livre lisez, dépouillez-vous de toute affection. Et, le lisant, ne vous scandalisez. Il ne contient mal ni infection. Vrai est qu'ici peu de perfection. Vous apprendrez, sinon en cas de rire : autre argument ne peut mon cœur élire. Voyant le deuil qui vous mine et consomme, mieux est de rire que de larmes écrire : pour ce que rire est le propre de l'homme. » Est-ce ce rire, coûte que coûte, que nous devons ramener dans nos existences sans attendre une prochaine crise mondiale pour nous fédérer ?

Ce rire du rire, ce rire qui soulage, est aussi celui de Spinoza. De même que l'amour, le rire et la plaisanterie sont pour lui une « joie pure » qui, sans excès, est bénéfique pour l'homme. Il identifie le rire à bien autre chose qu'à de la raillerie, de la haine, du mépris. Le rire est manifestation heureuse, un signe de puissance de l'âme et d'épanouissement de l'être. Ce soulagement est un bienfait qu'il ne faut pas fuir. Loin de la condamnation antique, il y voit même, dans l'*Éthique*, les prémisses d'un rapprochement avec le divin : « Plus grande est la joie dont nous sommes affectés, plus grande est la perfection à laquelle nous passons, c'est-à-dire, plus il est nécessaire que nous participions de la nature divine. Il appartient à l'homme sage d'user des choses, d'y prendre plaisir autant que possible. »

Ce rire de décharge, ce rire de relâchement, est-il ce qui nous aide à désamorcer certaines situations ? Prendre conscience qu'il est un outil accessible dans les moments pesants est une extraordinaire invitation à la détente, à la nôtre bien sûr, mais aussi à la détente de ceux qui partagent notre vie. Il ne s'agit pas de balayer la gravité d'une contrariété ni d'un enjeu, il s'agit littéralement de s'autoriser un instant de respiration. Se permettre de rire dans des circonstances arides, c'est avoir le courage de réinvestir la sphère de la joie, sans même parler du lien créé ou des aspects physiologiques déjà évoqués précédemment. N'est-il pas tentant de laisser échapper quelques gloussements ?

La théorie intellectualiste, ou théorie du contraste et du désordre

Le rire décharge m'a toujours beaucoup touchée, sans doute car il est l'expression d'une tendre vulnérabilité. Cependant, pour parfaire ce panorama, nous ne pouvons pas nous arrêter sans mentionner le dernier type de rire qu'il nous reste à explorer. Cette fois, c'est une ultime théorie qui traverse les époques et les jeux culturels. C'est celle que l'on appelle la théorie intellectualiste ou, plus justement peut-être, la théorie du contraste et du désordre.

Cette théorie souligne le caractère incongru du rire. Au-delà du risible ou du soulagement, l'hilarité survient aussi parfois quand une signification inattendue entre brusquement en scène, comme par effraction, en contradiction totale avec la signification légitime. En somme, c'est la réplique décalée. La porte qui s'ouvre sur ce quelque chose qu'on n'attendait pas. Le mot de travers. Le lapsus dans une homélie funéraire. L'individu qui n'avait pas compris que la soirée n'était finalement pas déguisée et qui arrive habillé en Superman. C'est le malentendu dans la déclaration d'amour. C'est l'humour absurde. Et c'est aussi l'humour savoureux des jeux de mots. Au bout du compte, c'est le rire qui surprend. C'est le rire qui fait rire parce qu'il crée, parce qu'il prend la réalité à contre-pied, parce qu'il s'autorise l'ivresse du désordre. N'est-ce pas ici que se joue un genre de réconfort que nous n'avions pas soupçonné ? Celui qui nous libère des conventions, celui qui fait de la réalité un terrain de jeu ?

Ce rire du décalage des attitudes et, surtout, des significations, intrigue beaucoup le Moyen

Âge, qui avec lui ne sait plus tout à fait à quel saint se vouer. Comme l'explique l'historien Jacques Le Goff dans son livre si instructif *Rire au Moyen Âge*, le rire est perçu à cette époque dans une constante ambiguïté. Il est un fait du diable, qui s'infiltre par nos bouches ouvertes ; il nous fait dire n'importe quoi et met notre corps en émoi ; il est l'allié de la folie, il est donc répréhensible. Cependant, comme il semble impossible de s'en défaire, la meilleure solution est peut-être de le pratiquer ouvertement. Vous percevez la subtilité du raisonnement : mieux vaut l'autoriser que le dissimuler, puisque de toute façon, nous ne pouvons pas y résister ! Les moines sont donc les premiers à s'y exercer. C'est ainsi qu'émerge le principe des *joca monachorum*, que l'on peut traduire par « les plaisanteries des moines ». Ce sont des sortes de devinettes, de savants jeux de mots auxquels se livrent les moines et qui préservent le rire de son aspect diabolique en le rendant acceptable.

Ce qui est drôle dans le jeu de mots, c'est qu'on manie le langage pour créer de l'absurdité et de la nouveauté. C'est une façon de s'emparer de la rigidité de la langue et de la vie, pour les manier à notre guise. Ce rire du jeu d'esprit, du décalage, est aussi celui de Kant, qui voit en lui un enchevêtrement positif d'idées. Il dévoile son fonctionnement dans sa *Critique de la faculté de juger* : « Il faut qu'il y ait quelque chose d'absurde en tout ce qui doit provoquer un rire vivant et éclatant. » Cette absurdité est un immense courant d'air pour nos pensées. Un vent de fraîcheur qui les renouvelle. Et n'est-ce pas précisément en renouvelant notre regard sur la vie qu'au-delà du réconfort immédiat on obtient un réconfort sur le long terme, parce qu'alors, on peut dénouer certaines situations ? Rire, selon cette théorie, n'est-ce pas aussi faire un pas de côté qui n'est pas sans rappeler la démarche même de la philosophie ?

L'humour comme philosophie

C'est dans *Le Mot d'esprit et sa relation à l'inconscient*, ouvrage qu'il publie en 1905, que Freud décide de s'encanailler du côté de l'humour. Au cœur de ses pages, le rire est avant tout un phénomène psychique, déterminé par ce qu'il nomme la « levée d'une inhibition ». On s'autorise à rire alors que la raison exige de nous du sérieux. Le rire est donc dans son fondement une forme d'irrévérence. C'est encore plus le cas avec les jeux de mots, quand l'humour s'infiltre au cœur du langage. En effet, en modifiant la trajectoire du sens, l'usage habituel d'un mot ou d'une phrase, l'humour nous rend actifs, nous sommes obligés de fournir un effort de compréhension et d'interprétation, de mobiliser notre pensée, comme nous le mentionnions avec Kant. Face à un trait d'humour, nous sommes obligés de sortir de nos habitudes et de rester éveillés. Pour Freud, une des composantes majeures de cet humour du décalage, particulièrement présent dans les jeux de mots, c'est le witz. Que désigne ce curieux terme ?

En langue allemande, *der Witz* qualifie directement l'anecdote ou le récit amusant. Le witz est une manière de décrire la créativité, l'acuité, la trouvaille, voire le grain de folie. Pour la psychanalyste Julia Kristeva, c'est « comme si l'expérience historique dont le witz porte la trace venait témoigner de cette part d'étrangeté que tout homme porte au fond de lui-même ». C'est bien de cela dont il est question ici : notre part d'étrangeté qui fait de nous des individus singuliers. Dès lors, nos blagues, nos lapsus, nos traits d'humour accordent un espace pour proposer un autre regard sur le monde. C'est une sorte d'invitation à penser nos existences autrement. Ces rires sont provoqués par l'incompréhension logique. Ils explorent et expérimentent les frontières du sens et du non-sens et, dans un même élan, celles de la vérité et de la fausseté. Car au fond comprendre un jeu de mots et en rire, c'est comprendre qu'un même mot peut avoir deux usages et que ces deux usages sont compréhensibles et surtout acceptables. En riant, nous nous initions à la finesse et à la complexité. Ce goût de l'illogisme n'est donc pas seulement une affaire de blague qu'on raconte et qui détend, c'est aussi une éthique de vie, c'est la possibilité, à chaque instant, d'insuffler du mouvement, de se libérer de l'oppression du quotidien, de construire autrement et de trouver, dans le rire, la force de réagencer ce qui doit l'être. Dans ce rire du désordre, on se réapproprie non seulement le langage, mais aussi les contours de nos vies. Il peut sembler curieux d'attribuer tant de vertus au rire. Pourtant, comme nous l'évoquions en commençant ce chapitre, c'est précisément pour cette raison qu'il est si réconfortant et qu'il demeure un territoire imprenable même dans les situations les plus pesantes.

C'est l'histoire d'un Belge, c'est l'histoire d'un éléphant, c'est l'histoire d'un rabbin ou d'un moine. C'est l'histoire de Freud, de Kant, de Rabelais ou de Cousins. C'est une histoire qu'on raconte au Moyen Âge ou sur Instagram. Peu importe. C'est l'histoire du rire. C'est l'histoire de tous ceux qui ont écrit un commentaire, en marge du texte, en marge de la vie. C'est l'histoire d'un phénomène joyeux et désespéré et souvent joyeux parce que désespéré. C'est l'intelligence de n'être dupe ni de soi ni des autres. Et de trouver dans cet éclat de joie la force de la résistance. Le courage de rire et de bouleverser encore un peu plus les règles. En somme, comme le résumait si bien Norman Cousins, « le rire permet à de bonnes choses d'arriver ».

En bref, pourquoi le rire nous réconforte ?

- Parce que le rire crée du lien.
- Parce que le rire nous donne confiance en nous.
- Parce que le rire produit des endorphines.
- Parce que le rire nous permet de nous relâcher.
- Parce que le rire nous rend inventifs.
- Parce que le rire nous libère des carcans du quotidien.

Bibliographie

Norman Cousins,
Comment je me suis soigné par le rire
Jacques Le Goff, *Rire au Moyen Âge*
Georges Minois, *Histoire du rire et de la dérision*
Jonathan Pollock, *Qu'est-ce que l'humour ?*
Michel Steiner, *Freud et l'humour juif*

Chapitre 6

FAIRE PALPITER L'ENGAGEMENT

Pourquoi l'engagement est un cadeau à se faire ?

« L'engagement est ce qui transforme
une promesse en réalité. »

Abraham Lincoln

C'est une étudiante qui rejoint la convention citoyenne pour le climat. C'est un groupe d'élèves qui décide de faire une quête au profit d'une association. C'est un jeune homme qui, après un parcours scolaire chaotique, trouve un sens à sa vie en effectuant un service civique dans une maison de retraite. C'est une femme qui, chaque soir, vient lire une histoire à une voisine aveugle. C'est un homme qui se promène le long de la plage et ramasse des déchets. C'est la maire d'un village qui choisit de mettre la solidarité au centre de la citoyenneté. C'est une fougue étrange qui se construit lentement ou s'impose comme une évidence. C'est un geste minuscule qui parfois devient le but même d'une vie. C'est grandiose ou discret mais cela agrandit toujours l'univers de celui qui l'ose. C'est l'engagement, la somme de ces actes qui nous relient les uns aux autres.

Je me souviens qu'il y a presque dix ans de cela j'enseignais dans un lycée hors contrat s'inspirant de la pédagogie Montessori. Les élèves étaient certes issus de milieux privilégiés, néanmoins ils étaient, pour la plupart, en rupture avec ce que l'on peut nommer pudiquement le « monde des adultes ». Leur colère était vive et se traduisait par une rébellion permanente. Refus des règles, détérioration du matériel ou attitude volontairement provocante, ils déclinaient chaque jour tout le spectre de leur rage et de leur frustration. Venant du milieu universitaire et étant habituée à des amphithéâtres remplis d'étudiants silencieux, j'étais particulièrement déstabilisée par ces comportements que je ne parvenais pas à encadrer ou à apaiser. J'avais l'impression de faillir à ma tâche de transmission et je craignais égoïstement de trouver l'année scolaire très longue. Et puis un jour, en les observant à nouveau, je me suis dit qu'une des raisons qui les poussait à agir ainsi était leur sentiment qu'ils n'avaient pas leur place dans la société, ou plutôt qu'ils n'étaient que des charges pour leurs familles et leurs enseignants. Convaincus du rejet dont ils étaient l'objet, ils se rendaient encore plus désagréables, confirmant ainsi les prophéties à leur sujet.

J'ai donc formulé l'hypothèse que le seul levier à ma disposition était de réaffirmer leur rôle dans le collectif, de leur prouver qu'à défaut d'être attendus ils étaient acteurs de cette société et qu'ils avaient les moyens de réellement l'impacter. Il fallait réussir à ancrer cette perspective dans leur esprit. Renonçant temporairement au programme, j'ai décidé de leur présenter trois associations ayant des champs d'action très variés. Chaque semaine, les membres des différentes structures venaient les sensibiliser, raconter leurs enjeux, leurs besoins, les problématiques rencontrées et surtout décrire ce qu'ils faisaient sur le terrain. L'expérience les intéressa et, pour la première fois, j'eus la sensation d'avoir attisé leur curiosité, ce qui, pour moi, était déjà une victoire.

À l'issue de cette première étape, je leur ai demandé de choisir l'association auprès de laquelle ils souhaitaient s'engager au fil des mois. Après quelques échanges, ils se tournèrent collégialement vers une association d'aide aux réfugiés, dont l'objectif était la mise en place de maraudes, la distribution de denrées et la création d'hébergements solidaires. Il restait aux élèves à déterminer la manière dont ils allaient pouvoir soutenir tangiblement ce projet. En quelques semaines, leur plan devint plus concret. Ils se mirent à organiser une collecte de produits d'hygiène devant l'école avec un principe simple : en échange d'un produit, les parents, les enseignants ou les autres élèves recevaient une part de gâteau préparé par leurs soins. Chaque matin, il fallait donc venir plus tôt, installer le stand, remplir les cartons, référencer les dons et aussi prévoir la recette du lendemain, etc. Une fois la mission accomplie et les produits récoltés, les élèves se lancèrent dans une grande opération logistique pour composer des kits d'hygiène individuels. Cette fois, il fallait décider de ce qu'il était pertinent de mettre dedans, trouver les pochettes adéquates pour les ranger, puis les stocker quelque part une fois complétés. En somme, toute une série de gestes simples mais qui demandent de la présence d'esprit et de la réflexion afin d'être exécutés correctement.

Je dois avouer que ce qui était totalement inédit pour moi, c'était de les voir aussi déterminés. J'avais quitté une bande d'adolescents insolents pour retrouver des jeunes gens capables de dénicher des cartons au supermarché du coin et de venir au lycée à 7 heures. Je n'étais plus le moteur devant tracter leur flemme, au contraire, j'étais moi-même devenu un chaînon au service de leur mission. Ce miracle n'avait absolument pas eu lieu grâce à moi, il résidait simplement dans le fait que les élèves avaient enclenché quelque chose en eux et qu'ils avaient accepté de se mettre en mouvement.

Enfin, vint le moment de la dernière étape. L'association devait venir récupérer les dons. Mais au lieu de cela, riches de leur expérience, les élèves décidèrent d'aller les distribuer eux-mêmes, encadrés par les membres de l'association. Un rendez-vous fut fixé et nous partîmes un jour de mai pour cette singulière sortie scolaire. Je suis encore émue en repensant aux images de mes élèves rencontrant des réfugiés, se frottant à d'autres destins, d'autres récits, d'autres vies que la leur. Je les revois, écoutant, distribuant et, plus encore, sortant de leurs habitudes et du huis clos de leur univers. Cette aventure me donna l'impression d'assister à une éclosion. Ils n'étaient pas plus dociles, pas plus travailleurs, mais *quelque chose* en eux avait bougé. Ils avaient compris ce dont ils étaient capables, ils avaient mesuré de manière directe le pouvoir de leur action. Évidemment, il n'est pas question ici de présenter l'engagement associatif comme une recette miracle, ni d'enjoliver la réalité. Il faudrait sans doute étudier, sur le long terme, ce que mobilisa en eux cet engagement. Il faudrait aussi revenir sur les conditions matérielles et pédagogiques qui m'ont offert la liberté de mettre cela en place.

Cependant, quelles que soient les nuances à apporter, la réalité n'est pas moins sidérante : au cours de cette année scolaire, ces jeunes gens avaient trouvé dans leur engagement associatif un réconfort à leur mal-être, ils avaient saisi que nous sommes tous en mesure d'agir et que cette action nous fait du bien, nous encourage à continuer, et même à remplacer notre rancœur par notre mobilisation.

Ce témoignage personnel aurait pu être remplacé par d'autres. Nombreux sont ceux qui, dans l'histoire, ont connu la puissance réconfortante de l'engagement. Nous évoquerons au cours de ce chapitre d'autres modalités, mais ce qui prime ici, c'est d'aborder la réflexion avec cette conviction, celle selon laquelle l'engagement nous enrichit. Plusieurs recherches viennent confirmer ce point. Dans une étude intitulée « Doing Good is Good for You » et réalisée par le UnitedHealth Group en 2013, 94 % des participants ont déclaré que leur activité associative les rendait de meilleure humeur, 78 % estimaient qu'ils étaient moins stressés et 76 % affirmaient qu'ils étaient en meilleure santé. D'autres recherches ont démontré qu'étant plus actifs, les bénévoles ont moins de risques de développer certaines maladies, en particulier des problèmes cognitifs, des maladies cardiaques ou une trop forte tension artérielle. Mon propos ne doit pas être compris avec cynisme : nous ne faisons pas les choses par utilitarisme, nous ne nous engageons pas uniquement avec l'ambition égoïste de favoriser notre bien-être. Il va de soi que ce n'est pas le but premier, cela dit, il est pertinent de constater, dans un livre sur le réconfort, que l'engagement, aussi protéiforme soit-il, peut en être une des sources, particulièrement effective.

L'engagement mêle une forte dimension philosophique et une démarche pragmatique, ce qui le rend passionnant à considérer. En décidant de nous impliquer, nos comportements, nos émotions, nos processus d'apprentissages se transforment. L'engagement, plus encore que tout ce que nous avons abordé dans ce livre, est une démarche très concrète qui exige de donner de son temps, de son énergie, de ses compétences. À ces tâches objectives, s'ajoute un arrière-plan qui est de l'ordre d'un apprentissage de la citoyenneté, la réalisation que nous avons des buts communs et que ce que nous faisons peut concerner positivement la société tout entière. Dans un monde gouverné par la quête de sens, ces remarques sont importantes à développer. L'engagement devient plus qu'un concept, plus qu'une activité, plus qu'un passe-temps bienveillant, peut-être est-ce lui qui conditionne non seulement notre réconfort individuel, mais aussi notre réconfort collectif et qui nous ouvre l'horizon d'un vivre-ensemble apaisé.

Selon l'Insee, il y a actuellement 21 millions de participations bénévoles dans notre pays. Si beaucoup d'individus ont arrêté de donner du temps aux autres pendant la pandémie, le bénévolat direct, en dehors de toute organisation, a augmenté. Sans compter les autres formes d'engagement, politique et citoyen, qui elles aussi ont le vent en poupe. Au fond, ce qui est le plus intrigant ici, c'est de parvenir à saisir comment, malgré l'individualisme de nos sociétés, nous sommes encore capables d'engagement. Pourquoi se sentir en lien avec le monde demeure une caresse pour nos âmes fatiguées ? C'est ce que nous allons tenter d'explorer.

Mettre nos cœurs en gage

Au fil de notre vie, nous sommes tous amenés à faire preuve d'engagement. Qu'on s'engage à tenir une promesse ou à épouser quelqu'un, l'engagement ne fait pas partie de ces notions floues qui semblent étrangères à notre quotidien. Et pourtant, si on prend le temps de le regarder d'un peu plus près, le terme n'est pas aussi limpide qu'il y paraît. L'étymologie rappelle que l'engagement exige de « mettre quelque chose en gage ». L'engagement n'est donc pas gratuit, il coûte. Mais quoi au juste ? Cela dépend de la façon dont on le considère. En effet, son usage recoupe différentes pratiques qui ne sont pas identiques. En premier lieu, l'engagement peut être une conduite. Par exemple, on *s'engage* à suivre certaines règles ou l'on *s'engage* à respecter les termes d'un contrat. Mais cette manière de considérer l'engagement est quelque peu restreinte et ne dit pas grand-chose de l'énergie qui habille si souvent ce mot. Car s'engager, c'est aussi, et avant tout, une action. Nous l'avons vu lorsque je racontais l'expérience de mes élèves. S'engager, c'est prendre volontairement une décision qui implique de mettre notre personne au service d'une cause ou d'un combat que l'on croit juste. En s'engageant, l'individu prend la mesure de sa responsabilité face à une situation et décide, par son action, de la modifier.

Cette analyse, à peine dévoilée, souligne déjà les enjeux qui s'ouvrent à nous lorsqu'on s'engage. Il ne s'agit pas seulement de respecter un cadre ou d'être en lien contractuellement, mais bien d'agir en conscience, de mettre nos actes en perspective, de nous questionner sur nos comportements, de nous laisser chavirer par les autres et d'accepter que nous soyons tous en mesure d'apporter quelque chose autour de nous. En somme, l'engagement est une action globale, un mouvement intérieur, qui allume notre regard et qui fait palpiter notre cœur. Ce n'est jamais vraiment le « bon moment » de s'engager, car ce « moment parfait » n'existe pas. La seule chose qui compte, c'est d'être capable de ressentir l'élan en soi.

C'est cet élan qu'a su entendre Marine Rogovitz. Elle est encore étudiante lorsqu'elle est tirée au sort pour participer à la convention citoyenne pour le climat. Réunissant, entre 2019 et 2020, cent cinquante personnes représentant la diversité de la population française, la convention avait pour objectif de proposer des mesures visant à réduire d'au moins 40 % les émissions de gaz à effet de serre d'ici 2030. Femmes, hommes, lycéens, étudiants, actifs ou retraités, urbains ou ruraux, venus de métropole ou des outre-mers, diplômés ou non, chacun a vécu la convention à sa manière, et a fait le choix à l'issue de l'expérience de s'engager ou non. Marine était donc l'une d'entre eux. Elle n'était pas spécialiste du climat, mais dans l'ouvrage *Engagements*, publié sous la direction de Gilles Bonnenfant, elle revient sur cette participation marquante : « La convention citoyenne pour le climat a changé ma vision de l'engagement. Étant partie sceptique quant à mon utilité, je ne voyais pas en quoi mon engagement et ma voix allaient avoir une importance quelconque. Je me suis rapidement rendu compte que dans cette aventure, le fait de s'engager à participer nous avait poussés à donner le meilleur de nous-mêmes. Que ce soit dans la réflexion quant à l'élaboration de mesures ou l'investissement affectif dans les relations humaines, chacun d'entre nous s'engage à être un moteur pour les autres, mais aussi une source de motivation. L'engagement nous fait grandir ou, du moins, il nous permet de voir le monde d'une autre manière et peut-être même avec un peu plus de réconfort et de légèreté quand nous sommes suffisamment bien entourés. »

Il y a dans sa parole, tout ce qu'il me semblait pertinent de partager ici. Cette idée de laisser venir l'engagement, de faire de la place à ce désir singulier qui consiste à donner le meilleur de soi-même pour autrui et de constater qu'au bout du compte, ce don nous transforme. Le point de départ de l'engagement et du potentiel réconfort qu'il porte en lui est donc le désir. Ce désir que Spinoza nomme le *conatus* et qui nous conduit à aller toujours plus loin et à persévérer. Cependant, il ne faut pas se méprendre sur les circonstances qui le font naître. Soyons lucides, il est rare de se réveiller un matin en ayant soudain en tête une cause qui imposerait notre dévouement. Nous pouvons avoir une idée de ce qui nous touche, mais s'embarquer dans une aventure ne veut pas dire qu'on s'y *engage*. En outre, comme l'expliquent Valérie Becquet et Françoise de Linarès, dans leur ouvrage, *Quand les jeunes s'engagent : entre expérimentations et constructions identitaires*, il est également important de ne pas substituer l'engagement au militantisme ou à l'activisme qui lui confèrent une dimension de lutte. Ces différentes approches en sont des variations et non les seules formes existantes. Pour l'appréhender avec finesse, revenons un instant sur les racines de l'engagement.

Une brève histoire de l'engagement

Il est vrai qu'historiquement la notion d'engagement a fortement été liée aux sphères religieuses, militaires et politiques. C'est bien par la croyance que l'homme a commencé à s'engager. Il était alors question de propager la parole divine, de diffuser l'enseignement des prophètes et les nombreux commandements du texte biblique. L'engagement, ici, est une manière comme une autre de canaliser la volonté de faire le bien et de faire vivre le concept de *tikkun olam*. Ce concept est tiré de la tradition juive et vise à la réparation du monde par le biais de l'action des hommes. Bernard-Henri Lévy explique cette perspective dans son livre *Pièces d'identité* : « Non plus sauver le monde. Encore moins le recommencer. Mais juste le réparer, à la façon dont on répare les vases brisés. Il est très beau, ce mot de “réparation”. Il est modeste. Il est sage. Mais il est aussi vertigineux. » S'engager à tendre vers le Bien, voilà le point de départ de l'engagement.

Le frère dominicain Jean-Claude Lavigne tente de décortiquer le mécanisme qui se joue au cœur de l'engagement religieux, quelle que soit la religion : « Parler de vocation, c'est souvent se représenter une voix de l'extérieur (Dieu) qui nous appelle à une conversion et nous invite à nous mettre au service de Dieu et de l'Église. Il me semble nécessaire de changer cette représentation. La vocation apparaît plutôt comme un appel intérieur à aller vers soi-même, à rejoindre notre vérité profonde. » L'engagement religieux est donc une manière de répondre simultanément à un besoin personnel et à une demande divine. Cette forme d'engagement connaîtra son apogée au cours du Moyen Âge, jusqu'au bouleversement de la Renaissance et l'arrivée progressive de nouveaux motifs d'engagement.

Car, par la suite, il n'est plus question de promouvoir les textes ou la parole divine, mais de s'engager pour un roi, ou pour la défense d'un territoire. Puis, au fur et à mesure, l'engagement ne s'exprime plus seulement dans la chevalerie mais aussi dans les arts et les sciences. On s'engage au service d'une idée, on s'engage pour éclairer l'humanité grâce au savoir. Copernic, Galilée, Érasme, Léonard de Vinci, Raphaël, Montaigne deviennent, à leur tour, de nouvelles incarnations de l'idée d'engagement. Ils seront bientôt suivis par les penseurs des Lumières. Certains risquent leur vie pour publier leurs œuvres qui leur semblent essentielles. Là encore, l'engagement est un appel, une volonté de transformer la société, coûte que coûte.

Enfin, l'engagement devient un enjeu politique. On s'engage avec ferveur au sein de différents partis. On combat pour ce que l'on croit juste dans le cadre très codifié de motions, de propositions de loi, de discours, et parfois même de révolution. Des groupuscules jusqu'aux partis installés en place publique, les formations politiques représenteront longtemps l'idée que l'on se fait de l'engagement. Il devient impossible de ne pas militer, de ne pas s'engager, pour être tout à fait dans le monde.

Aussi rapide que soit ce panorama, nous voici aujourd'hui. L'engagement, loin d'avoir disparu, nous décontenance souvent, simplement car il ne se laisse pas résumer à une seule forme, à un seul domaine. Entreprises engagées, think thanks, associations de quartier, ZAD, conventions citoyennes, services civiques, secourisme ou bénévolat informel, l'engagement est hétéroclite, parfois contradictoire, mais il n'en est pas moins vivant. L'objet de cette réflexion n'est pas de hiérarchiser les approches ni de le juger. Il s'agit plutôt d'entrevoir un fil conducteur, un lien qui, de la réparation du monde à notre époque, pourrait relier tous ceux qui, un jour, ont ressenti l'urgence d'un appel. N'est-ce pas à chaque fois cette conscience de l'altérité ? Cette façon d'être touché par l'extérieur ? Cette volonté d'aller au-delà de soi ? Que l'on porte une parole divine, que l'on défende un roi ou un parti, que l'on protège une forêt ou que l'on ouvre sa porte à quelqu'un en détresse, il y a toujours ce contact avec ce qui nous entoure. Le premier réconfort porté par l'engagement est véritablement qu'il nous rappelle notre appartenance au monde.

Hannah Arendt, le réconfort d'une *vie active*

N'est-ce pas passionnant ? Dans un monde complexe, nous pouvons éprouver le besoin de nous retirer, ou plus insidieusement encore avoir le sentiment que l'on est à l'écart des événements, comme détaché du cours des choses. Mais s'arrêter à cette perception, c'est oublier un peu vite que notre épanouissement passe par la sensation d'appartenance au monde qui nous entoure.

Ce que la pérennité de l'engagement à travers les époques confirme, c'est que le sens d'une vie ne provient pas de la satisfaction des besoins primaires ; il émerge d'une compréhension du chemin que l'on peut donner à notre existence. Ce chemin se précise à mesure que l'on agit. C'est ce qu'évoque la philosophe Hannah Arendt lorsqu'elle parle de *vita activa*. Par cette expression latine, elle désigne, entre autre, l'action, la mise en mouvement. Cependant, il faut noter qu'elle rapproche le terme d'« action » de celui d'« initiative », c'est-à-dire être capable de se lancer, de plonger vers l'inédit, d'oser faire usage de notre liberté. Cette *vita activa* nous met en rapport avec les autres hommes. Si l'on suit Hannah Arendt, agir consiste donc à s'engager auprès des autres, mais aussi à s'engager auprès de soi, en trouvant ainsi le sens de notre existence. On voit bien ici, en quoi s'engager n'est pas d'ordre contractuel, mais bien vital.

Les différents exemples évoqués jusqu'à présent le mettent en relief. En s'engageant, ou plutôt en brandissant une capacité d'initiative, on change l'idée que l'on a de soi. Écouter l'appel, se mettre en route, c'est répondre de manière très concrète à une série d'interrogations. Quel homme, quelle femme je veux être ? Quel est mon rôle dans ce monde ? Quels sont mes liens ? Qu'est-ce qui me touche, me révolte, m'émeut ? À la lueur de ces questionnements, on comprend combien faire du volontariat est un réconfort pour tous ceux qui se cherchent. Santé, solidarité, sport, éducation, culture, environnement, etc. Les champs d'intervention importent peu, pourvu que l'on parvienne, en se frottant aux autres, à dessiner les contours de son identité. S'engager, c'est voir s'éloigner le spectre de l'errance, c'est remplir ses mains de sens. Et, au fond, c'est aussi accepter de faire usage de sa responsabilité.

« On ne peut pas mener une vie correcte dans une société qui ne l'est pas »

Comment évoquer le thème de l'engagement et de la responsabilité sans convoquer ceux qui ont placé ces notions au centre de leur vie ? Je parle bien entendu de Jean-Paul Sartre et de Simone de Beauvoir. Et bien que leurs noms autant que leur image soient éminemment célèbres, il est toujours plaisant de prendre le temps de les raconter. Dans les années 1930, Jean-Paul Sartre se tient encore à l'écart des grands événements du monde. Prisonnier de guerre dès 1939, il fut transféré au stalag de Trèves, en Allemagne. C'est dans la promiscuité et l'horreur de la guerre qu'il se frotte lui aussi à l'altérité et apprend la solidarité avec les autres hommes. En 1944, métamorphosé par ce qu'il vient de vivre, il est convaincu qu'il doit intervenir dans la vie politique. C'est ainsi qu'avec sa compagne Simone de Beauvoir, il met de côté l'enseignement pour se consacrer à l'écriture et à la direction d'une nouvelle revue : *Les Temps modernes*.

La revue devient rapidement la caisse de résonnance de leur engagement. Le couple fédère à ses côtés plusieurs figures de l'intelligentsia de la Libération. On y trouve des philosophes comme Maurice Merleau-Ponty et Raymond Aron, l'ethnologue Michel Leiris, ou encore l'éditeur Jean Paulhan. Tous sont réunis pour donner à leur engagement un cadre d'expression. L'ensemble des débats qui agitent l'époque est évoqué au sein de leurs pages. Les réflexions sur l'anticolonialisme flirtent avec celles sur le marxisme, mais *Les Temps modernes* s'engagent aussi pour faire émerger une autre approche de la littérature, en donnant la parole à des auteurs plus confidentiels à l'époque, comme Samuel Beckett, Francis Ponge, Aimé Césaire ou Nathalie Sarraute. Au-delà des thématiques, c'est l'état d'esprit qui témoigne de leur engagement. Ils sont eux aussi portés par cet appel dont nous parlons depuis les premières lignes de ce chapitre :

« On ne peut pas mener une vie correcte dans une société qui ne l'est pas », écrit Simone de Beauvoir dans *Les Mandarins* en 1954. Tout y est. L'urgence, la rencontre avec les autres, l'action, la responsabilité. Et en arrière-plan l'extrême réconfort d'appartenir à ce monde et de ne pas rester passif face à ses dérives. Le plus marquant est de constater que toute la revue est imprégnée par l'existentialisme défendu par Jean-Paul Sartre. Il n'est pas évident de résumer un courant de pensée aussi décisif pour le XXe siècle en quelques lignes mais je vais tout de même essayer d'en souligner les grands principes et de montrer pourquoi la responsabilité qu'il impose peut devenir le socle d'un engagement réconfortant.

Jean-Paul Sartre met en scène, notamment dans ses romans, le fait que nous devons faire face au non-sens de l'existence. Comment vivre, pour un être doté d'une conscience, dans un monde d'où Dieu semble s'être définitivement retiré ? Les évènements comme la guerre et l'Occupation placent les individus face à des choix décisifs. Que faire ? Comment agir ? Nous disions avec Hannah Arendt qu'il s'agissait de savoir quel homme ou quelle femme nous voulions être. Ici, plus que jamais l'interrogation est implacable. Faut-il s'engager dans la Résistance ? Ces questionnements, auxquels il n'est pas aisé de répondre, conduisent le philosophe à formuler l'une de ses plus profondes convictions : l'homme choisit toujours ce qu'il est et ce qu'il fait. Que l'on s'engage dans la Résistance, que l'on décide de collaborer, que l'on agisse en bourreau ou en héros, Sartre affirme que personne ne peut se chercher d'excuses. L'homme est condamné à être libre. Et bien que Sartre élabore sa philosophie dans un contexte extrême qui est celui de la guerre, l'enjeu demeure le même à chaque instant. Nous avons la possibilité d'agir ou non. Nous appartenons à ce monde, il nous fait face et la manière dont nous décidons de nous comporter nous appartient.

Chaque individu vient au monde sans essence. C'est-à-dire qu'à la différence d'un objet, nous n'avons pas une fonction qui nous est réservée à la naissance. Une tasse n'a pas d'autres choix que d'être tasse. À l'inverse, un homme peut être ce qu'il souhaite. Aucun être surnaturel ne le destine à quoi que ce soit et aucun déterminisme ne l'oblige à exécuter telle ou telle action. C'est la raison pour laquelle Sartre explique que « l'existence précède l'essence ». Il ne faut pas être intimidé par cette parole. Ce qu'elle décrit, c'est que c'est la manière dont on conduit nos vies, donc l'existence, qui détermine ce qu'on est, donc l'essence. La vie humaine consiste à choisir d'être la personne que l'on veut être, avec certaines qualités plutôt que d'autres, avec certaines actions plutôt que d'autres. Et même lorsqu'on se croit neutre ou passif, c'est encore une manière de choisir : « L'homme sans appui et sans secours est condamné chaque instant à inventer l'homme », résume-t-il dans *L'existentialisme est un humanisme* en 1945.

En somme, la perspective de l'existentialisme est de dire que la liberté humaine est absolue, que nous sommes fondamentalement responsables de nous-même. Bien entendu, cette charge semble paralysante et on est tenté de se défiler, de trouver des circonstances atténuantes, mais Sartre nous rattrape au vol, analysant que ces prétextes seraient la preuve de notre mauvaise foi. Nous affirmons notre liberté lorsque cela nous arrange et, au contraire, nous nous cherchons des excuses lorsque nous voulons fuir nos responsabilités. Bref, vous l'avez saisi, pour Sartre, nous sommes libres, radicalement libres. Sans dieu, sans essence, sans sens et aussi vertigineuse que soit cette liberté, elle nous pose la plus passionnante des questions, qu'il me tient à cœur de répéter encore et encore : que faisons-nous de ces possibles qui s'offrent à nous ?

Si, comme le dit Jean-Paul Sartre, l'homme ne se définit ni par sa naissance, ni par son inconscient, ni par une volonté divine, mais uniquement par ses actes, alors c'est à chaque seconde que nous réaffirmons qui nous sommes ; nous faisons face à chaque pas à nos décisions les plus décisives, et l'engagement est l'expression même de nos décisions. S'engager, c'est une manière de ne pas subir, de ne pas déplorer mais au contraire de prendre sa part, aussi modeste soit-elle, sans que personne nous force à le faire. C'est donc réconfortant non seulement parce qu'on appartient à ce monde, mais aussi parce que nous avons la possibilité d'agir sur lui : « La doctrine que je vous présente [...] déclare : il n'y a de réalité que dans l'action ; elle va plus loin d'ailleurs, puisqu'elle ajoute : l'homme n'est rien d'autre que son projet, il n'existe que dans la mesure où il se réalise, il n'est donc rien d'autre que l'ensemble de ses actes, rien d'autre que sa vie », écrit-il dans *L'existentialisme est un humanisme.*

Mais attention, inutile d'entrer dans la résistance pour exprimer sa liberté, ni de concevoir l'engagement uniquement à travers l'inscription dans une association. Nous l'avons déjà souligné. Il existe de nombreuses formes informelles d'engagement, compris ici comme une manière de se lier, de tendre vers l'extérieur avec l'idée de le transformer. Les rapports de voisinage sont un bon exemple de cet engagement de proximité, cet engagement informel qui se traduit très concrètement par une présence régulière. Dans une étude nommée « Solidarités de voisinage ; ce que nous enseigne le terrain », extraite de *Solitude et isolement des personnes âgées,* les auteurs Michèle Hermand, Nathalie Pauchet, Naïs Slimani, Myriam Boyer et Christine Astruc soulignent l'importance de ce type d'engagement dans l'accompagnement des personnes en situation de perte d'autonomie physique ou psychique : « Le voisin peut être à la fois une source précieuse dans le cadre d'une aide matérielle et un soutien moral. L'aspect de la relation est utilitaire et vise à répondre aux besoins de la personne âgée en perte d'autonomie motrice et cognitive. » Il peut s'agir d'accompagner la personne dans certains de ses déplacements, lui faire quelques courses, l'aider à remplir des papiers administratifs, lui préparer un repas, ouvrir la porte à l'infirmier, venir quelques minutes lire le journal ou faire la conversation, peu importe, ce n'est pas le geste qui compte, mais l'existence de cet engagement informel qui implique une reconnaissance commune.

Cette relation peut de prime abord sembler être un « devoir » qui est une charge bien plus qu'un réconfort, et pourtant c'est justement cette forme de responsabilité, évoquée avec Sartre, qui apporte ce sens que nous recherchons tous. Henriette Steinberg, secrétaire générale du Secours populaire, le résume en ces termes : « Chacun doit se sentir responsable du fait qu'il vit sur cette Terre et dans ce monde et qu'il a une responsabilité à ce titre. Et cette responsabilité suppose de se préoccuper de ceux qui l'entourent. Certains n'ont besoin de rien et s'en débrouillent très bien. C'est parfait. D'autres rencontrent des difficultés beaucoup plus importantes et le seul fait de regarder l'autre comme on aimerait soi-même être regardé est porteur d'énergie et de capacité d'action. Je l'ai toujours vérifié et je le vérifie toujours. »

Il va de soi que tout cela fonctionne si on est libre de mettre en place cet engagement, car la condition même de sa réussite est qu'il ne soit pas forcé, pas imposé. L'engagement est réconfortant parce qu'il est voulu et au mieux proposé et valorisé par un contexte qui le rend plus facile et favorable, comme on peut le voir dans les écoles ou certaines communes qui vont le mettre au cœur de leur projet politique. Lorsque l'individu perçoit qu'il a le choix, son degré d'engagement est plus fort que lorsqu'il perçoit qu'on lui impose l'action.

Une réponse au monde incertain

J'ai eu l'opportunité, il y a quelques années, de participer à l'écriture d'un livre célébrant les dix engagements du dispositif nommé « service civique ».

Je pouvais difficilement terminer ce chapitre sans en parler. L'objectif du service civique est de mobiliser la jeunesse pour répondre aux défis de la société. Ouvert aux jeunes de 16 à 25 ans, il offre un cadre d'engagement où ils peuvent se côtoyer et vivre une expérience humaine unique. Pour être volontaire, seuls comptent la motivation et le savoir-être. Ce n'est pas un stage, ni du bénévolat ni même un emploi salarié, c'est un engagement volontaire pour une durée de 6 à 12 mois. Plusieurs dizaines de milliers de missions d'intérêt général sont proposées dans dix domaines d'action prioritaires, comme la solidarité, la santé, l'éducation pour tous, la culture, le sport, l'environnement, le développement international, etc.

Dans une société comme la nôtre, qui ne cesse de s'accélérer, s'engager sur plusieurs mois est l'opportunité de construire sur le long terme, de laisser les choses infuser. Il faut de la constance et parfois de l'opiniâtreté pour tenir un engagement. On devient soi-même dans la continuation de ses choix, on construit dans la persévérance. C'est pourquoi l'engagement réconforte aussi, car il renforce l'estime de soi, de sorte qu'on se perçoit comme on ne s'est jamais vu. Au fil des jours, les volontaires du service civique passent de la crainte à la confiance ; ils essayent, échouent parfois, mais surtout recommencent. Ces jeunes gens peuvent donner ce qu'ils ont de meilleur car ils ne redoutent pas l'évaluation, étant plongés dans un environnement précisément destiné à la découverte.

Au fond, quelle que soit la forme d'engagement observé dans ces pages, l'enjeu est le même : on agit pour l'autre, on réaffirme le lien entre l'individu et le collectif, et réciproquement. C'est parce que l'on donne, parce que l'on participe, que l'on reçoit. L'engagement s'inscrit dans cette dynamique vertueuse. C'est cette vision, portée par Jean-Jacques Rousseau en 1762, qui fonde le contrat social et l'idée nécessaire d'un vivre-ensemble.

Les crises récentes, qu'elles soient écologiques, sanitaires, financières ou même métaphysiques, nous placent parfois face à un immense sentiment de vertige. Les spécialistes de la stratégie militaire désignent depuis quelques années cette situation par l'acronyme VUCA. Le monde serait volatile, incertain (*uncertain* en anglais), complexe et ambigu. Cette lecture de notre réalité nous rend plus vulnérables et souvent nous décourage, nous donne envie de baisser les bras, de nous lover dans l'individualisme et d'attendre que le déluge nous submerge. C'est oublier un peu vite la puissance de l'engagement dont j'avais envie ici, de rappeler l'immense réconfort dont il était capable.

Percevoir que l'on a « une place » en s'engageant, c'est donc pouvoir conjuguer un cheminement personnel avec un impact collectif. La quête de sens, commune à tant d'individus, doit s'ancrer dans la réalité, en tissant des liens avec les autres et non en dehors des autres. C'est une manière habile de se décentrer et de cette façon de regarder vers le haut, de ne pas rester focalisé sur ses doutes, ses difficultés ou ses manques. Éprouver la mixité, la diversité, se sentir utile, être fier de soi en ressentant la satisfaction d'autrui, sont autant de façons d'atteindre ce but. L'engagement, en renforçant les rapports entre les citoyens, donne espoir en notre capacité à traverser, ensemble, les crises dans lesquelles ce monde incertain peut être plongé. De quoi croire en notre devenir. De quoi transformer des adolescents en colère en des adultes impliqués.

En bref, pourquoi l'engagement nous réconforte ?

- Parce que l'engagement nous rappelle que nous avons un rôle à jouer.
- Parce que l'engagement est une manière d'avoir une place dans la société.
- Parce que l'engagement fait du bien à la tête et au corps.
- Parce que l'engagement renforce l'estime de nous-même.
- Parce que l'engagement donne du sens à nos vies.
- Parce que l'engagement fait de nous des citoyens actifs et impliqués.

Bibliographie

Christophe André, *Ces Liens qui nous font vivre*
Gilles Bonnenfant, *Engagements*
Anne Dhoquois et Marie Robert, *Et si on s'engageait ?*
Claire Marin, *Être à sa place*
Jean-Jacques Rousseau, *Du contrat social*
Jean-Paul Sartre,
L'existentialisme est un humanisme

Chapitre 7

LA DOUCEUR DES FICTIONS

Pourquoi les histoires élargissent nos horizons ?

« C'est assurément ne pas connaître
le cœur humain que de penser
qu'on ne peut le remuer par des fictions. »

Voltaire

C'est un film que l'on regarde sous la couette un soir d'hiver. C'est un livre qu'on continue à lire en marchant alors qu'on sort du métro. C'est une série qui fait s'emballer notre rythme cardiaque. Ce sont des personnages que l'on connaît plus intimement encore que certains de nos amis. C'est un conte que l'on chuchote à l'oreille de son bébé. Ce sont des pages qui nous sauvent du naufrage et qui nous font relever la tête. Ce sont des plans-séquences dont la poésie nous rend meilleurs. Ce sont des situations inventées qui percutent la réalité de nos vies. C'est Madame Bovary, Julien Sorel, Nathan Zuckerman, Don

Quichotte, Cosette, Rabbit Angstrom, Sganarelle, Molloy. C'est Rachel Geller, Homer Simpson, Samantha Jones, Michael Scott, Tony Soprano, Daniel Desario, Tyrion Lannister, Jesse Pinkman. C'est inoubliable. C'est un patrimoine dont la transmission maintient la possibilité d'un socle commun. Ce sont les fictions. Ces histoires fausses dans lesquelles on se love, ces récits qui réchauffent notre détresse, qui apaisent nos désespoirs, qui changent la couleur de nos mélancolies et qui, parfois même, nous aident à appréhender autrement le monde qui nous entoure.

En écrivant ce texte, je n'ai cessé de demander autour de moi, aux gens de mon entourage mais aussi à des inconnus croisés par hasard, ce qui les réconfortait, quelle était leur source d'apaisement les jours où la grisaille étouffait leurs pensées. Parmi toutes ces personnes interrogées, rares sont celles qui n'ont pas cité au moins un livre, un film ou une série, comme si, quel que soit notre âge ou notre horizon social, le vivier fictionnel était toujours à notre disposition. Je ne parle pas d'une consommation passive d'images que l'on absorbe sans y réfléchir en tombant sur une publicité ou en saisissant nos téléphones, je parle de cette possibilité de plonger dans une narration, de ce geste qui consiste à ouvrir un livre, à rentrer dans une salle de cinéma ou à commencer une série. C'est bouleversant d'imaginer que, malgré tous les contenus et les distractions que nous avons à notre disposition, se maintient en nous cette habitude, si lointaine, si ancestrale, de recourir à l'histoire pour apaiser, accompagner, traverser. Car c'est bien de cela qu'il s'agit. Il va de soi que nous n'ouvrons pas un livre uniquement lorsque nous sommes en peine mais, quand c'est le cas, l'espace offert par la fiction agit comme un baume. C'est un lieu qui, sans être neutre ni aseptisé, nous emmène temporairement *ailleurs*. En lisant ou en regardant, nous pouvons soudainement, pour un instant au moins, repousser les murs de nos pièces, changer d'existence, voyager en dehors de notre quotidien, et parfois même y revenir en le percevant différemment. Quel autre support que la fiction nous procure une telle évasion ? Et, parfois, cette évasion ne revêt-elle pas une dimension thérapeutique ? Un réconfort si grand qu'il nous soigne ?

Je me souviens d'avoir grandi avec cette parole de ma maman racontant combien elle était malheureuse quand, en sixième, elle devait quitter son foyer pour rejoindre l'austère pension dans laquelle elle était scolarisée. L'atmosphère autour d'elle lui semblait hostile, sans chaleur, sans familiarité, sans confort ni réelle sécurité émotionnelle. Alors, elle se mettait dans son lit et dévorait des sagas. Sa préférée était celle des *Jalna*. Une série de seize romans écrits par Mazo de la Roche entre 1927 et 1960, retraçant le destin d'une famille canadienne de propriétaires terriens, les Whiteoak, et de leur résidence, Jalna, de 1852 à 1954. En les retrouvant chaque soir, elle renouait avec des figures familières, elle recréait des repères qu'elle n'avait pas autour d'elle, elle s'évadait psychiquement et parvenait ainsi à supporter la rigidité du pensionnat.

Le cas de ma mère peut être une illustration de ce que l'on nomme la « bibliothérapie », à savoir le fait de soigner sa santé mentale grâce aux livres. J'ai déjà évoqué, dans le chapitre sur la beauté, la puissance de l'empathie esthétique et l'idée que lire des histoires favorise la fluidité de nos interactions sociales ; cependant ici il s'agit d'autre chose. Il s'agit de reconnaître les vertus immédiatement thérapeutiques de la lecture. Cette approche n'est pas nouvelle. Dès la Grèce antique, la lecture est considérée comme salvatrice, en témoigne l'inscription qui se trouvait sur le fronton de la bibliothèque de Thèbes : « La médecine de l'âme. » On trouve aussi, au XVe siècle, dans les écrits de la philosophe Christine de Pizan, des références à la lecture comme moyen de s'élever et de supporter la perte de son mari. Au milieu du XIXe siècle, des témoignages de médecins, ajoutant de manière informelle des livres au parcours médical de leurs patients, vont dans ce même sens. Cependant, celle qui va réellement mettre en lumière la bibliothérapie est une jeune femme américaine, à qui il convient, plus que jamais, de rendre hommage dans cette exploration du réconfort.

Sadie Peterson Delaney naît dans l'état de New York en 1889. Fait rare pour l'époque, elle a la possibilité d'aller au lycée et d'entamer des études d'assistante sociale. Elle est vite remarquée pour ses talents d'écriture et devient présidente d'une société littéraire. Passionnée par les mots, elle entame un nouveau cycle d'études et obtient son diplôme de bibliothécaire en 1921. Elle s'investit très vite dans la bibliothèque de Harlem et développe des programmes de lecture pour tous. Son ambition est d'aider les différents publics, y compris les jeunes délinquants, à accéder à la lecture. En 1924, on lui propose un poste à l'hôpital de Tuskegee en Alabama, destiné aux vétérans. La bibliothèque est très pauvre, le fonds ne dispose que de deux cents livres et d'une seule table. Sadie Peterson Delaney ne se décourage pas et crée un service de prêt de livres pour les patients. Toute la difficulté de sa mission consiste à trouver des lectures pertinentes, adaptées à des lecteurs souffrant de traumatismes psychologiques lourds et ayant des capacités de lecture parfois très rudimentaires. Dans un premier temps, elle cherche à faire de la bibliothèque un lieu d'accueil, un espace de rassemblement et de discussions. Autour de contes, de récits, de lectures à haute voix, les soldats peuvent exprimer leurs sentiments, retrouver des sensations, mettre des mots sur leur détresse, en somme commencer un processus de soin.

L'idée n'est pas simplement de conseiller de « bons livres » ; sa méthode réside dans la connaissance de l'autre. Elle se renseigne sur chaque patient, sur son histoire, sur son vécu, étudie son dossier médical, en collaboration avec les équipes de l'hôpital. Elle adapte ses propositions de lecture en fonction du profil et des besoins du patient. En un an, son fonds passe de deux cents à quatre mille livres. Elle joue également un rôle de facilitatrice, en offrant par exemple des projections de livres pour les patients ayant des blessures aux mains ou aux bras et qui ne peuvent physiquement pas tenir un ouvrage. Elle va même jusqu'à ouvrir une aile consacrée uniquement aux patients aveugles. Elle pratique la méthode de « la porte ouverte » dans sa bibliothèque, c'est-à-dire qu'elle crée un lieu dans lequel les malades se sentent les bienvenus et où ils peuvent aller et venir librement. Dans sa démarche, la lecture est un support pour que les patients puissent renouer avec le monde qui les entoure et se redécouvrir eux-mêmes. L'accès aux livres brise leur isolement, remet leur expérience en perspective et devient un médium pour la comparer à celles des autres, pour ajuster ce qui doit l'être. Plus qu'une évasion, il convient ici de parler de « reconnexion ». Très vite, les résultats sont remarquables et dix ans après avoir pris les rênes de l'activité de l'hôpital de Tuskegee, Sadie Peterson Delaney devient un exemple à suivre. Sa méthode est étudiée dans le monde entier. Elle reçoit un doctorat honorifique de l'université d'Atlanta et inspire bien d'autres projets. En France, elle donne l'idée à la psychothérapeute Lucie Guillet, après la Seconde Guerre mondiale, de créer un programme incitant les personnes souffrant d'une maladie mentale à lire de la poésie. Pourtant, c'est seulement à partir des années 2000 que la bibliothérapie commence à être reconnue et véritablement mise en pratique, notamment en Angleterre et au Canada, en l'intégrant par exemple dans différentes thérapies pour les jeunes hyperactifs, dépressifs ou pour les enfants victimes de phobie sociale.

Il y aurait encore beaucoup à développer, mais si j'ai commencé ce chapitre avec Sadie Peterson Delaney, c'est parce que son approche repose sur une conviction majeure. Le pouvoir évocateur des histoires, grâce à l'imagination, nous sort d'une problématique émotionnelle ou psychologique, que l'on soit un vétéran ou une jeune fille en pension, que l'on soit en rupture amoureuse ou que l'on ait juste le coup de blues du dimanche soir. Ce que nous prouve la passionnante odyssée de Sadie Peterson et de sa bibliothérapie, c'est qu'à travers la fiction d'autres possibles se construisent sous les yeux du lecteur. Comme le résume si bien Marc-Alain Ouaknin dans son ouvrage *Bibliothérapie : lire, c'est guérir* : « La bibliothérapie est fondée sur une pratique de la lecture qui permet à l'homme d'aller au plus profond de lui-même et de s'inventer à chaque fois de manière différente. »

Le plus convaincant est que cet impact bénéfique de la lecture se mesure aussi scientifiquement. Les études sont nombreuses, mais on peut citer celle des chercheurs de l'université Yale qui ont mené, pendant douze ans, une expérience auprès de trois mille participants. Ils ont conclu en 2016 que ceux qui lisaient jusqu'à trois heures trente par semaine avaient 17 % moins de risques de mourir prématurément que ceux qui ne lisaient pas du tout. Cette proportion grimpe à 20 % pour ceux qui accordaient plus de trois heures trente par semaine à la lecture. De façon générale, ils ont constaté que les lecteurs vivaient deux ans de plus que les non-lecteurs, en partie grâce aux effets de la lecture sur la gestion du stress.

Alors certes, il est question ici uniquement de littérature et ce chapitre n'a pas vocation à se limiter à la fiction, même si, quelle que soit la forme explorée, les interrogations demeureront identiques. Comment se fait-il que des personnages fictifs et des mondes imaginaires puissent nous faire autant de bien ? Comment se fait-il qu'ils puissent nous réconforter, nous soigner et nous faire vivre plus longtemps ? Comment la fiction, qui ne représente pas le réel, peut-elle avoir des effets sur lui ? Et si d'autres possibles s'ouvrent à nous grâce à la fiction, quels sont-ils et comment émergent-ils ?

Les fictions comme remède

C'est curieux car le mot « fiction » semble souvent souffrir d'une mauvaise presse. Ses synonymes donnent bien vite le ton. Si l'on se réfère aux définitions proposées par les dictionnaires, la fiction est associée aux mensonges et aux chimères. Même son étymologie l'accuse, puisque le terme vient du latin *fingere* qui signifie « feindre ». La fiction est donc une « construction de l'imagination » qui s'oppose à la réalité. Elle n'a que faire de la vérité puisqu'elle évolue dans un monde détaché des contraintes du réel. Ainsi, il s'agit initialement d'un genre littéraire qui, aussi répandu soit-il, est parfois considéré comme moins sérieux, et peut-être même moins utile que d'autres approches, comme les essais, les biographies ou n'importe quel texte s'appuyant sur des faits réels. Après tout, comment donner du crédit à un *mensonge* ? Par la suite, l'usage du mot fut étendu à l'ensemble des œuvres utilisant la narration fictionnelle, y compris le cinéma et les séries. Au fond, il y a toujours en arrière-plan une légère suspicion à l'égard de ces histoires inventées, qui renvoient aux chimères de l'enfance et à une forme de divertissement.

Pourtant, est-ce seulement un loisir sympathique ? Est-ce que regarder une comédie romantique ou se caler devant une série n'est qu'un plaisir coupable pour adultes fatigués, ayant besoin de mettre leur esprit « sur pause » ? Est-ce que le réconfort produit par la fiction provient juste de l'absence de réflexion qu'elle suppose, de son caractère distrayant ? Nous l'avons vu dans l'introduction de ce chapitre, la réponse est évidemment négative et nous allons montrer à quel point c'est même l'inverse qui arrive. Si la fiction parvient à s'intégrer dans le parcours de soins des vétérans ou à alléger le cœur de ma maman dans le silence de sa pension, ce n'est pas uniquement parce que les *ailleurs* qu'elle propose sont agréables et permettent de fuir une souffrance en l'anesthésiant, c'est au contraire parce que la *fausseté* relative du récit dit quelque chose sur ce qui est *réellement* éprouvé par le lecteur ou le spectateur. Cette correspondance entre *fausseté* et *réalité* est fascinante et mérite qu'on s'y arrête afin de saisir la nature du réconfort qu'elle produit.

Pour en appréhender toute la finesse, il faut reprendre au commencement et étudier ce que les Grecs, et Aristote en particulier, avaient saisi avec tant d'acuité. En effet, dans un de ses ouvrages majeurs, nommé *Poétique*, Aristote cherche à définir le pouvoir d'action de chacune des formes poétiques, et notamment le pouvoir de la tragédie. Il identifie trois types d'effets. Certaines œuvres ont une fonction éducative, d'autres une fonction de divertissement et enfin certaines ont une fonction « cathartique ». Évidemment, toutes ces fonctions nous intéressent et toutes sont présentes dans les fictions auxquelles nous avons accès. Certains films nous apprennent des choses, certaines séries nous font rire, mais ce qui est plus pertinent encore pour comprendre ce que nous élaborons depuis le début, en particulier le lien entre *fausseté* et *réalité*, est la fonction cathartique. Qu'est-ce que cette expression désigne ?

Le terme « catharsis » est issu du vocabulaire médical et religieux. Il peut se traduire par « purification ». Aristote l'utilise dans sa *Poétique* pour expliquer l'effet de la tragédie sur les émotions du spectateur. Le principe est curieux et pourtant simple à saisir. La mise en scène du destin fatal du héros tragique provoque chez le spectateur de la peur, d'abord, puis de la pitié. Ces sentiments sont déplaisants dans la réalité, et pourtant ils plaisent au théâtre. En observant ce phénomène, Aristote découvre que l'imagination a le pouvoir d'inverser les affects et de soulager l'âme. En somme, en générant des émotions très fortes, la tragédie sensibilise le spectateur et le pacifie. La catharsis a ainsi une portée politique car elle apaise le citoyen en le libérant. Il évacue ses émotions à travers la fiction et n'a donc pas besoin de les évacuer en le vivant dans la réalité. Il est comme « purifié ».

Bien entendu, la possibilité pour le spectateur de s'identifier au héros est au cœur du mécanisme. C'est la raison pour laquelle, écrit Aristote, « la poésie est plus philosophique et plus importante que l'histoire, car la poésie exprime plutôt le général, et l'histoire le particulier ». Le poème tragique représente des événements et des émotions dans lesquels tous peuvent se reconnaître, de l'Antiquité jusqu'à aujourd'hui. Fondamentalement, il faut bien noter qu'Aristote y voit un véritable processus physiologique. Le spectacle des passions vécues par le héros opère comme un traitement qui purifie l'âme du spectateur de ses substances néfastes, de la même manière que le corps se débarrasserait d'une impureté. La catharsis agit donc comme un médicament, comme un rééquilibrage. Elle draine de toutes les émotions susceptibles de provoquer des excès. N'avez-vous jamais ressenti une sorte de libération devant un film où le héros est passé par des tas d'étapes ? N'avez-vous jamais éprouvé un calme intérieur après avoir vu un film d'action ? La fiction devient ici un véritable remède. Nous sommes transformés physiologiquement par ce pouvoir cathartique. Le réconfort est plus que jamais présent, la fiction offre de la sérénité.

Ce pouvoir cathartique est central dans la compréhension de la tragédie et des émotions très intenses qui y sont représentées, que ce soit au théâtre et au cinéma. Cependant, une autre chose apparaît dès à présent : c'est que ce pouvoir de « purification », et donc d'apaisement, n'est pas la seule modalité possible entre la fiction et la réalité. La fiction n'agit pas seulement en nous libérant d'émotions intenses et en faisant de nous des citoyens plus raisonnables, elle agit aussi parce qu'elle peut littéralement changer le cours de notre existence. C'est en tout cas la perspective que j'aimerais aborder maintenant.

Les fictions peuvent changer la vie

Lorsqu'il y a quelques années, j'ai sorti mon premier roman, *Le Voyage de Pénélope*, je me suis retrouvée face à un phénomène que je n'avais absolument pas vécu avec mes deux livres précédents. Ce texte racontait l'odyssée de Pénélope, une jeune femme qui, à l'approche de la trentaine, quitte son compagnon, son métier et son appartement, puis décide de partir en Grèce où elle va se découvrir elle-même, en même temps qu'elle découvre la philosophie. La narration reprend les codes du roman initiatique. La rupture est le point de départ d'une transformation, la crise devient le prétexte d'une mutation. Or, après la publication, j'ai reçu plusieurs messages de femmes me racontant qu'elles avaient elles-mêmes quitté leur compagnon après avoir lu mon roman. Bien entendu, je n'ai absolument pas la prétention de dire que cette décision a été prise grâce à moi, ni même à cause de moi. Simplement, ce qui m'intéresse ici, c'est de constater à quel point une fiction peut non seulement apaiser, comme nous le disions avec Aristote, mais aussi « déclencher ». Dans un cas comme dans l'autre, le phénomène d'identification au héros est aussi effectif, à la différence qu'il permet dans ce dernier exemple de préciser nos pensées, d'affronter nos problématiques, voire d'agir à notre tour. Le réconfort reprend sa dimension première, à savoir celle de donner du courage. Une étude menée par l'université de Liverpool en 2016 souligne d'ailleurs ce point. 27 % des personnes interrogées estiment avoir « amélioré leur vie » à la suite d'une lecture marquante, en quittant leur emploi, en mettant fin à une relation malsaine ou en s'engageant dans une histoire d'amour. Les vies fictionnelles murmurent quelque chose à notre esprit et à notre cœur. Elles conceptualisent ce qu'on ne parvient pas toujours à percevoir, à admettre ou à remarquer. Les personnages, ou du moins ce qu'ils traversent, deviennent des caisses de résonances.

Le principe même d'une intrigue est que les héros représentent des sortes d'hypothèses narratives, comme si on se disait : « Tel personnage décide de faire tel choix, voyons voir ce que ça donne. » Leurs évolutions incarnent une idée chère à Gilles Deleuze, celle selon laquelle les individus sont composés de tout un réseau de lignes. Au cours de notre vie, nous décidons d'en suivre certaines plutôt que d'autres. Nous suivons, par exemple, la ligne mariée ou la ligne célibataire, la ligne salariée ou la ligne entrepreneur. Ces lignes forment des trajectoires. Les personnages nous rappellent que notre propre existence n'est que mouvement et que changer, c'est littéralement choisir de développer une autre ligne, une autre trajectoire, une autre hypothèse. En somme, ils nous ouvrent une voie qui rend possible notre propre changement.

L'autrice Olivia Rosenthal, dans son ouvrage *Ils ne sont pour rien dans mes larmes*, s'intéresse à ce phénomène au gré d'une série d'entretiens, en posant directement la question : « Quel film a changé votre vie ? » Il ne s'agit pas de raconter son film favori, mais de mentionner celui qui a changé quelque chose dans notre approche. Quatorze individus témoignent et racontent comment le cinéma est « entré par effraction dans leur existence ». Comment il a fait écho à ce qu'ils vivaient. Tour à tour on y découvre des récits expliquant que le cinéma les a rassurés, leur a permis d'oublier, d'analyser ou d'agir. Pour Angélique, c'est *La Nuit américaine* de François Truffaut qui bouleverse sa vie, car grâce à ce film elle trouve sa vocation, celle de script. Pour Béatrice, c'est *Le Dernier Tango à Paris* de Bernardo Bertolucci qui change radicalement l'idée qu'elle se fait de l'amour. Tandis que c'est grâce à *Thelma & Louise*, de Ridley Scott, qu'Annick prend conscience qu'il faut trouver la force de s'affranchir. Olivia Rosenthal mêle les témoignages à sa propre expérience, celle de la perte de sa sœur. Le livre se clôt sur un texte personnel évoquant *Les Parapluies de Cherbourg* de Jacques Demy. Elle explique que ses « larmes répétées » à chaque visionnage du film lui ont fait comprendre que cet état particulier allait au-delà de ce qu'elle voyait à l'écran. Et voilà donc rendus plus que jamais apparents, non seulement le pouvoir de la fiction, mais aussi l'ample variété de ses modalités. Elle réconforte car elle apaise, car elle déclenche, car elle autorise, et aussi car elle nous offre un lieu de recueillement : « Je peux maintenant revoir le film, conclut Olivia Rosenthal. Je n'ai plus peur, je n'ai plus honte, je sais que je pleure pour autre chose, que j'en profite pour m'abandonner comme si l'abandon était la condition nécessaire suffisante paradoxale d'une future consolation ».

Soigner, purifier, transformer, apaiser, consoler, etc. Plus nous avançons, plus le miracle fictionnel semble palpable. Et si finalement, il était temps d'affirmer que la fiction nous rendait « meilleurs » ? Non pas au sens où il faudrait viser une perfection suprême, mais « meilleur » au sens d'un alignement plus grand, d'une connaissance de nous-même plus juste ? C'est l'hypothèse palpitante soutenue par le philosophe américain Stanley Cavell.

Le cinéma nous rend meilleurs

En France, Stanley Cavell, décédé en 2018, n'est pas un philosophe particulièrement connu du grand public ; pourtant il l'est de nombreux cinéastes, en particulier de ceux qui reçoivent la Palme d'or au Festival de Cannes ! Pour preuve, Terrence Malick, le réalisateur de *The Tree of Life*, a été son étudiant. Luc Dardenne, auteur avec son frère Jean-Pierre de *Rosetta* et de *L'Enfant*, est capable de citer de mémoire les pages de ses livres. Quant à Arnaud Desplechin, il a imaginé son *Conte de Noël* comme une adaptation d'un de ses textes. La liste pourrait être plus longue encore, mais l'interrogation peut déjà être formulée : comment se fait-il que tant de réalisateurs se passionnent pour ce philosophe ?

Sandra Laugier, qui fut son étudiante, sa traductrice et celle qui permit en grande partie la découverte de son œuvre en France, explique que Cavell a participé, aux États-Unis, à une véritable « révolution culturelle ». Il faut dire que toute la singularité de son travail est qu'il ne cherche pas à interpréter le cinéma, au contraire, il se demande en quoi le cinéma est bel et bien de la philosophie. Ce qui l'intéresse, et ce qui rejoint notre questionnement, c'est de partir de son expérience de spectateur. Le plus surprenant est qu'il réfléchit à partir d'un genre bien particulier, celui des comédies de remariage dans les films hollywoodiens des années 1930-1940. Autant dire qu'on est assez loin des références habituelles de la philosophie. Alors pourquoi un tel objet de réflexion ?

Dès les années 1960, Stanley Cavell se penche sur une série de comédies hollywoodiennes à succès, et parmi elles sur des classiques du genre, comme *Un cœur pris au piège* de Preston Sturges, *New York-Miami* de Frank Capra, *L'Impossible Monsieur Bébé* d'Howard Hawks, *Indiscrétions* et *Madame porte la culotte* de George Cukor ou encore *Cette sacrée vérité* de Leo McCarey. Ce qu'il constate, c'est que ces comédies ne dépeignent pas des romances traditionnelles. Elles mettent en scène des gens qui sont brouillés ou éloignés au début du film et qui se réconcilient à la fin, comme si le plus important était le fait de se retrouver, voire d'être capable de se rencontrer à nouveau. C'est ce qu'il décortique dans un livre fascinant : *À la recherche du bonheur : Hollywood et la comédie du remariage*. Il montre que les incompréhensions qui naissent entre les personnages ne sont pas des obstacles qui les limitent, mais qu'au contraire elles les incitent à dialoguer pour surmonter les difficultés, pour aller au-delà des empêchements de leur éducation respective, et au bout du compte parvenir à dépasser ce qui met en péril leur intimité. Il ne s'agit plus, comme dans la comédie classique, d'unir un jeune homme et une jeune femme et de les conduire au bonheur malgré des difficultés extérieures, mais réellement de réunir deux personnes après une séparation, dans la recherche d'un bonheur nouveau et différent. Cavell examine les conséquences philosophiques de ce schéma du remariage au cinéma et affirme qu'il permet de faire émerger des réflexions sur la place de la femme, sur les relations de couple, sur l'égalité des sexes, sur la nécessité en amour d'une mort et d'une renaissance. Ces films ne sont pas cyniques, ils mettent en scène un espoir, la possibilité d'une réconciliation. Dans chacune de ces comédies de remariage, un perfectionnement a lieu. Les personnages ne prétendent pas se connaître pleinement mais ils cherchent à continuer l'aventure ensemble, comme si de cet intérêt mutuel qu'ils se portent dépendait le bonheur humain.

Le perfectionnement des personnages de fiction alimente notre propre désir de perfectionnisme. On est invité, à travers les échecs et les accomplissements des héros, à reconnaître nos propres ratages et à cerner ce qui nous importe réellement. Le cinéma devient un enseignement moral, d'autant plus efficace qu'il met en scène des personnages qui nous ressemblent, avec des sentiments similaires aux nôtres. On le perçoit ici aisément, le terme « perfectionnisme » n'est pas employé comme dans le langage commun : il n'est pas question de se montrer « parfait » aux yeux des autres, mais il est question d'une éthique qui invite à cheminer. Les dialogues mis en scène dans ces comédies de remariage sont loin d'être des distractions. Ils montrent que la conversation, avec l'être aimé ou avec les amis, est un lieu privilégié pour atteindre cette version de nous-même plus ajustée. Au fond, l'enjeu est de souligner que l'émotion que nous ressentons face au film offre l'opportunité d'une réelle prise de conscience. Pour Cavell, l'éthique est cette volonté d'aller toujours au-delà de soi-même et de devenir meilleur, mais ce perfectionnisme ne prend son sens que dans la vie ordinaire et l'attention au détail. Or, ces détails essentiels du quotidien, auxquels nous ne faisons pas toujours attention, apparaissent au cinéma « d'une manière puissante et unique », explique Cavell. N'est-ce pas profondément réconfortant d'imaginer que l'on peut mieux se connaître et s'améliorer chaque jour ? N'est-ce pas magnifique d'envisager la fiction comme une invitation à œuvrer sur soi et à réfléchir à la société ?

Alors bien sûr, on peut se demander si le raisonnement de Cavell, appliqué au genre très particulier des comédies de remariage des années 1930-1940, ne relève pas d'un champ trop limité pour être considéré comme réconfortant et tenir une place si importante dans ce chapitre. Je ne le crois pas, car ce qu'il démontre peut s'appliquer à bien d'autres œuvres, notamment celles des réalisateurs qui s'inspirent de son travail. Sandra Laugier, dans son ouvrage *Les Séries : laboratoires d'éveil politique*, poursuit d'ailleurs le raisonnement de son professeur et insiste sur cette idée de perfectionnement moral. En plus d'inciter les spectateurs à œuvrer sur eux-mêmes, les fictions, et dans son cas, les séries, mettent en avant des questions politiques, éveillent les sensibilités, proposent un éclairage sur des enjeux contemporains.

Les épisodes de *Game of Thrones* par exemple, ne sont-ils pas une occasion de questionner l'ambition des dirigeants ? *Black Mirror*, la problématique des nouvelles technologies ? *The Wire*, les inégalités sociales ? Les séries fournissent des référents culturels que nous partageons et qui peuvent peupler nos conversations ordinaires, créer des débats, offrir des lieux de délibération et finir par faire bouger les lignes dans nos sociétés. Cela semble utopique ? Peut-être, mais l'espoir d'utiliser la fiction pour nourrir notre tissu commun, pour alimenter nos partages, est une idée qui me touche bien trop pour que je l'abandonne. Je crois que l'envisager est déjà, pour moi, un puissant réconfort. Et sans doute que si j'ai tant à cœur de développer cette perspective, c'est que mes partages les plus émouvants, mes liens les plus puissants se sont toujours noués autour des fictions. Souvent, quand je pense à ce que j'ai envie de transmettre à mon fils, ce qui me vient n'est pas un patrimoine matériel ni même une somme de valeurs, mais bien une masse confuse de récits qui dépassent les frontières de l'oubli et du temps. N'est-ce pas une autre forme de réconfort, que d'imaginer que les œuvres nous accordent de toucher à une forme d'éternité ?

Le réconfort de la transmission

Une de mes histoires favorites lorsque j'étais enfant était le conte *Baba Yaga*. C'est un récit traditionnel slave qui met en scène une petite fille parvenant à s'échapper des griffes de l'ogresse Baba Yaga grâce à ses attentions et à sa gentillesse. La première publication de *Baba Yaga* dans la collection « Les albums du Père Castor » date de 1932. En tenant l'album entre mes mains, je me souviens m'être demandé des centaines de fois combien d'enfants avaient lu ce texte avant moi et combien le liraient après moi. Lorsque j'ai appris ma grossesse, c'est tout naturellement le premier livre que j'ai déposé dans la bibliothèque de mon fils.

Fondée par Paul Foucher au début des années 1930, la collection « Les albums du Père Castor » est assez révélatrice de ce que je veux exprimer ici. Pionner de l'éducation nouvelle, Paul Faucher cherche à créer des ouvrages capables de parler à tous les enfants. En choisissant des illustrateurs de talents et en compilant des récits s'adressant directement à l'enfant, il assura un succès durable, dépassant les tendances. Quatre-vingt-dix ans plus tard, les albums du Père Castor se murmurent encore le soir aux oreilles des enfants, avant qu'ils ne plongent dans le sommeil, tissant ainsi un solide fil entre les générations et permettant aux échos les plus lointains de parvenir jusqu'à nous. C'est certainement dans cette transmission que demeure un des aspects du réconfort fictionnel qui me bouleverse le plus. Lorsque nous disparaissons, lorsque tout s'éteint, il reste encore la possibilité de faire perdurer les histoires que nous avons racontées. Car c'est ainsi que nous continuons à faire vivre Ulysse, Tartuffe, Anna Karénine ou Baba Yaga. Comme l'évoque si joliment le linguiste George Steiner dans une interview de *Philosophie Magazine* en 2009, lorsqu'on lui demande ce qu'est un classique : « Être inépuisable est l'un des critères du classique. C'est pour cela qu'il est essentiel d'apprendre par cœur. Ce que vous avez appris par cœur change en vous et vous change. Et personne ne peut vous l'enlever, ni la Gestapo, ni le KGB, ni la CIA : c'est en vous, cela vous appartient. » Cela nous appartient, pour toujours, à nous et à tous ceux avec qui nous l'aurons partagé.

De page en page, d'écran en écran, les fictions résistent à l'éphémérité de nos vies, à tout ce qui les abîme, à tout ce qui les submerge. Elles réparent, soignent, purifient, apaisent, transforment, améliorent et, finalement, nous survivent. Elles ne sont pour rien dans nos larmes mais j'ai la certitude qu'elles ont le pouvoir de réconforter nos plus grandes peines.

En bref, pourquoi les fictions nous réconfortent ?

- Parce que les fictions nous font voyager.
- Parce que les fictions nous apaisent.
- Parce que les fictions changent la vie.
- Parce que les fictions nous donnent l'occasion de nous perfectionner.
- Parce que les fictions nous font réfléchir.
- Parce que les fictions se transmettent et nous survivent.

Bibliographie

Aristote, *Poétique*
Stanley Cavell, *À la recherche du bonheur : Hollywood et la comédie du remariage*
Sandra Laugier, *Les Séries : laboratoire d'éveil politique*
Marc-Alain Ouaknin, *Bibliothérapie : lire, c'est guérir*
Olivia Rosenthal, *Ils ne sont pour rien dans mes larmes*

Chapitre 8

LE GOÛT DE LA VIE

Pourquoi manger nous rend vivants ?

« Il ne faut pas tant regarder
ce qu'on mange qu'avec qui on mange. »

Épicure

C'est un croissant à la crème de pistache. C'est une poignée de cerises dont la rougeur tache les mains. C'est une tranche de pain grillé sur la table familiale. C'est une boîte de sardines dans le placard de nos grands-parents. C'est un double expresso qu'on avale d'une traite au petit matin. C'est un pot de crème glacée qui adoucit les chagrins. C'est une tranche de pastèque, mangée les pieds dans l'herbe. C'est un gâteau au miel qu'on partage après la baignade. Ce sont des *linguine alle vongole* qui réchauffent des défaites. C'est un couscous à la semoule d'orge qui relie l'avenir au passé. C'est un carré de chocolat noir qui donne le courage d'avancer. C'est le sourire d'un BN dans la boîte du goûter. C'est une table qui s'ouvre aux voyageurs et qui parfois s'adresse même aux absents. C'est fondant ou amer, sucré ou salé. C'est indispensable au corps, mais ça l'est encore plus à l'âme. C'est une gourmandise qui raconte notre identité. C'est la nourriture, l'alimentation comme territoire de nos émotions. Ce sont tous ces aliments qui viennent caresser nos peines, tous ces rituels de la table qui nous relient malgré les épreuves. Ce sont nos goûts qui dessinent notre intimité, qui précisent notre culture, notre éducation, notre géographie.

Quels aliments nous réconfortent et pourquoi ? Est-ce une question de saveur, de contexte, d'ingrédients, d'imaginaire, d'éthique ou même de calories ? Qu'exprimons-nous lorsque nous avons envie d'un aliment plutôt que d'un autre ? À quoi pense-t-on lorsqu'on mastique, lorsqu'on avale, lorsqu'on déglutit ? Le sujet n'a rien d'anodin. Il est bouleversant. Car s'attarder sur la nourriture, c'est interroger nos manières de manger, c'est décortiquer nos façons de vivre, c'est comprendre que nos repas portent en eux une part symbolique, affective et sociétale. Au fond, de quoi avons-nous faim ? Et de quoi nous remplissons-nous ?

Je crois que la scène est encore dans de nombreux esprits. Le personnage de Bridget Jones vient d'être largué par son petit ami : terrassée par la peine, elle s'enroule dans une grosse couette grise et noie son chagrin dans un pot de crème glacée. Les yeux gonflés de larmes, le nez rouge de désespoir, chaque cuillère glissée dans le pot contient la possibilité d'un apaisement, d'une douceur sucrée qui réconforte le cœur et permet de ne pas sombrer. Sorti en 2001, *Le Journal de Bridget Jones* fut l'un des plus grands succès de la décennie. Londonienne romantique et vulnérable, Bridget recherche l'homme idéal et hésite entre son patron, Daniel Cleaver, séduisant et infidèle, et Marc Darcy, avocat passionnant mais terrifié par l'engagement. Le film condense de nombreux clichés sur la femme et l'amour et la scène de la crème glacée n'y échappe pas. Pourtant, si elle demeure si présente dans notre imaginaire collectif et si la photo de Bridget enroulée sous sa couette est encore tant partagée sur les réseaux sociaux, c'est bien qu'au-delà de la caricature, elle évoque quelque chose que nous sommes nombreux à pratiquer : la nourriture du réconfort.

Si certains ont l'appétit coupé face aux drames, d'autres ont besoin de renouer avec les saveurs, comme une planche de salut. Ce réconfort de la crème glacée n'est pas seulement valable dans la sphère amoureuse et n'a pas été inventé par la réalisatrice Sharon Maguire. Nous le verrons dans ce chapitre, le réconfort apporté par les aliments est un aspect mis régulièrement en valeur au fil de l'histoire culinaire. Dans un récent sondage Harris Interactive demandant aux participants quel était l'aliment qui les réconfortait le plus, le tiramisu est arrivé largement en tête. On comprend assez vite combien la texture onctueuse joue un rôle central dans cette consécration, mais le plus étonnant est de constater que, dès son invention, le célèbre dessert italien portait déjà en lui la puissance de son ambition. En effet, l'expression qui lui a valu son nom, *tirami sù*, veut littéralement dire en italien « tire-moi vers le haut », en somme « remonte-moi le moral ». Cet appel immédiat au réconfort est évidemment soutenu par les saveurs de café, de cacao, d'amaretto, qui, ensemble, dynamisent chaque bouchée. Cependant, loin d'être un simple bon mot ou une habile recette, cette idée d'être « tiré vers le haut » est au centre de notre propos. Car ce qui m'intéresse dans ce chapitre, ce n'est pas de saisir pourquoi *nutritivement* un aliment est plus avantageux qu'un autre, mais bien de comprendre le lien entre nos émotions et ce que l'on mange.

Le chef Pierre Gagnaire, plusieurs fois auréolé d'étoiles au Michelin et élu en 2015 « meilleur chef du monde » par ses pairs, livre une fine analyse de son métier dans une interview donnée au magazine *Télérama* il y a une dizaine d'années : « Quand il y a un gamin dans mon restaurant, je lui demande toujours ce qu'il veut manger et j'essaie de lui faire plaisir. Parce que je sais que ce gamin, un jour, sera adulte et se souviendra de la langoustine ou de la purée que je lui avais préparée. On donne du souvenir, on construit de la nostalgie. Et la nostalgie est un petit coussin qui aide à vivre. Il ne faut pas trop de nostalgie dans la vie, c'est dangereux, ça peut vous faire couler. Mais on a besoin de souvenirs, de douceur, de l'espèce de coton moelleux de ce bon vieux temps. La cuisine n'est qu'un prétexte, un prétexte à vivre et un prétexte à prendre du plaisir à se lever le matin. Pour la beauté du geste, la beauté de la relation. Et cet art de la relation est peut-être aussi important que l'objet du délit. »

Très loin de la sophistication, de la prouesse technique, du luxe ostentatoire, Pierre Gagnaire fait l'éloge de ce petit coussin moelleux qu'est le souvenir du goût, le goût du souvenir, qui en plus de nous « tirer vers le haut » à l'instant où on le déguste, nous aide rétrospectivement à prendre du plaisir à nous lever le matin. Que ce soit au kebab du coin, dans un étoilé ou au fond de son lit, comment se fait-il que le recours à l'alimentation comme réconfort, d'un point de vue individuel ou collectif, soit une donnée si constante dans notre société et les civilisations qui l'ont précédée ? Pourquoi lorsque je suis fatiguée je soigne mon découragement à grands coups de pain trempé dans du houmous ? Pourquoi la première chose qui symbolise l'hospitalité est un bon repas ? Pourquoi les plaisirs de la table unissent les familles et les communautés ? Pourquoi notre enfance peut se raconter à travers les plats que nous avons consommés ? Il est temps d'ouvrir nos placards et nos frigos.

La nourriture émotionnelle

Je me souviens d'une de mes amies qui, pendant chaque examen que nous passions à l'université, installait à côté de sa trousse et de ses feuilles un arsenal de vivres, comme si elle s'apprêtait à partir en randonnée ou à courir un marathon. Les aliments mobilisés n'étaient pas de simples sucreries, mais étaient savamment choisis. Son thé était une décoction au miel et au gingembre, ses barres de granola étaient préparées par son frère, elle gardait dans une petite boîte des bonbons à la violette qui lui rappelaient sa grand-mère et elle terminait toujours par ajouter quelques figues séchées, souvenir de son Italie natale. Tout au long des épreuves, qui duraient parfois cinq heures, elle écrivait en veillant à respecter des pauses régulières, pour manger, les yeux fermés, l'une de ces préparations. À l'issue de sa dégustation, je la voyais reprendre son stylo de plus belle, rechargée par son rituel. En l'interrogeant un jour sur cette pratique, elle m'avait expliqué que ce n'était pas qu'une question d'énergie, mais bien la seule façon qu'elle avait trouvée pour gérer son stress. Le réconfort recherché ne servait pas, ici, à atténuer une peine, mais plutôt à diminuer l'agitation de l'esprit, à mettre le stress à distance pour se mobiliser à nouveau.

Mon amie n'est pas la seule à user, consciemment ou inconsciemment, de ce genre de stratagèmes. Cette anecdote est un exemple parmi d'autres de ce que l'on nomme la « nourriture émotionnelle ». Les recherches sur le comportement alimentaire émotionnel ont été initiées par la psychanalyste et médecin allemande Hilde Bruch, qui émigra aux États-Unis dans les années 1930. Ses recherches dévoilent le fait que nous nous alimentons davantage en situation de crise ou de stress important. Cela n'est pas lié à un trouble psychique, mais à la conviction que la nourriture procure de l'apaisement. L'enjeu, une fois de plus, n'est pas de manger pour obtenir un apport calorique, utilisant ainsi la nourriture comme un carburant, mais de manger pour réguler les émotions. Certes, ces comportements ne sont pas universels, loin de moi l'idée d'en faire une vérité générale ! Il y a des gens chez qui le stress coupe la faim. Il faut admettre qu'ils sont particulièrement observés chez ceux que l'on nomme les « mangeurs émotionnels ». Néanmoins, des explications scientifiques viennent étayer ce phénomène et expliquer pourquoi il est si répandu.

L'une des études les plus marquantes à ce sujet est celle d'Andrew Hill. En 2004, ce psychologue à l'université de Leeds en Angleterre propose la projection d'un film triste, à plusieurs volontaires. À l'issue de la projection, il leur demande ensuite d'évaluer le goût de plusieurs sortes de chocolats, tout en leur précisant qu'ils peuvent manger autant de chocolats qu'ils le souhaitent. Quinze minutes après, il calcule la quantité de chocolat consommée et constate, sans surprise, que les spectateurs les plus affectés par le film en avaient mangé bien plus que les autres. Or, les nutritionnistes spécialisés dans l'alimentation du réconfort montrent que les aliments riches en sucres augmentent la concentration sanguine de l'acide aminé tryptophane. Le tryptophane étant lui-même un précurseur de la sérotonine, qui régule l'humeur, le résultat est assez limpide : en mangeant sucré, la concentration de ce neuromédiateur augmente dans le cerveau, provoquant ainsi une meilleure régulation de nos émotions, voire un sentiment de sérénité et de joie chez les personnes les plus sensibles au stress. La crème glacée de Bridget Jones aurait donc une explication hautement rationnelle liée au fonctionnement de notre métabolisme. Le réconfort alimentaire serait une simple histoire d'hormones.

Si tout cela est juste, il est toutefois impossible de réduire le réconfort à ces données. Bien que les études allant dans ce sens soient très nombreuses, il faut tout de même évoquer un point qui nous aide à mettre en perspective ces informations. En réalité, même si les données que je viens de mentionner sont exactes, il faut un certain temps pour que la nourriture ingérée exerce *réellement* ses effets sur l'humeur. Ce que nous mangeons doit être d'abord digéré, puis transformé par notre cerveau. Or, la plupart du temps, le réconfort alimentaire nous semble immédiat. Plus troublant encore, il semble même exister à partir du moment où l'on voit l'aliment. Et comme nous l'avons souligné avec Pierre Gagnaire, ce réconfort existe même dans le souvenir. C'est donc la preuve que quelque chose d'autre qu'une simple magie hormonale rentre en ligne de compte. Qu'est-ce que cela peut bien être ?

Reprenons le récit de mon amie de fac : les aliments consommés pendant ses examens peuvent être analysés d'un point de vue chimique. Je ne doute pas des vertus des figues séchées pour notre métabolisme. Néanmoins, en l'écoutant, il est évident que si ces aliments en particulier la réconfortent, ce n'est pas seulement pour leur teneur en acides aminés. Ce qui prime, ici, c'est la sensorialité et la symbolique portée par chaque bouchée. Ce que raconte son thé, ses figues séchées, ses bonbons à la violette ou le granola de son frère, c'est son histoire, son enfance, son ancrage culturel et, comme le disait Pierre Gagnaire, ses souvenirs. Le chef Thierry Marx prolonge la remarque : « Si, comme moi, vous avez été traumatisé par les choux de Bruxelles en boîte à la cantine, si on vous a contraints à en manger, leur parfum sera, pour vous, associé à un stress et donc désagréable. En revanche, si vous les cueillez l'été avec votre grand-mère dans le jardin, ce parfum sera lié à une émotion positive. En fait, nous respirons des souvenirs, nous mangeons des souvenirs. » Le comprendre et l'accepter, c'est avoir la possibilité de se nourrir d'une façon plus réconfortante encore, et non seulement de céder à une pulsion en cas de stress. C'est essayer d'interroger la manière dont on nous a transmis la nourriture et de comprendre ce qu'elle nous fait dans le cœur et pas uniquement dans le corps.

L'aventure des sens

Manger est une aventure globale qui, en plus du goût, engage la vue, l'odorat, le toucher, l'ouïe. Or, ces sens sont souvent mobilisés sans qu'on s'en aperçoive, sans qu'on le verbalise, notamment dans l'enfance. Ils rentrent en action parfois *malgré nous*, parce qu'on sent une odeur dans la cuisine, parce qu'on voit des choses sur la table, parce qu'on mange en famille d'une certaine manière, dans une certaine atmosphère. Il y aurait beaucoup à dire sur cette dimension, cependant, pour comprendre d'où vient le réconfort et comment le susciter à nouveau, j'aimerais évoquer une étude pour saisir la mécanique de nos conceptions alimentaires.

En 2022, des chercheurs américains ont formulé une hypothèse assez captivante : l'exposition aux légumes pendant plusieurs jours augmenterait la volonté des jeunes enfants de les toucher et de les goûter. En somme, voir des légumes sans les manger donnerait envie de les manger. Fascinant, n'est-ce pas ? Pour vérifier l'affirmation, les chercheurs ont élaboré un panel de cent dix enfants âgés de 3 à 4 ans et leur ont proposé des interventions multisensorielles, mobilisant l'odorat, le toucher et/ou la vision, mais jamais le goût. Globalement, il s'agissait de réaliser des activités ludiques avec des légumes tels que le brocoli, le fenouil, le poireau, le panais, le radis et le navet jaune. Selon le groupe dans lequel se trouvaient les enfants, cette activité consistait en une simple exposition visuelle (groupe 1), ou une exposition olfactive (à l'aveugle) puis visuelle (groupe 2), ou une exposition olfactive, tactile (à l'aveugle) puis visuelle (groupe 3). Après les activités, les chercheurs ont mesuré chez tous les enfants leur volonté de goûter les légumes en question. Le plus intéressant est de noter que les enfants des groupes 2 et 3 ont montré une volonté de goûter plus élevée et des quantités consommées plus importantes.

Mon ambition ici n'est pas de décortiquer l'ensemble de l'étude mais de nous centrer sur ce fait capital : nos sens et la façon dont ils sont stimulés dictent notre envie de consommer les aliments. Recueillir des informations sur l'odeur et la texture d'un aliment ainsi que sur son aspect visuel pourrait induire une évaluation plus positive de celui-ci et les différentes perceptions sensorielles pourraient faciliter la construction d'une représentation de l'aliment. Si dans l'étude il est question des légumes, ainsi que dans l'exemple de Thierry Marx et des choux de Bruxelles, la remarque est valable pour le reste de l'univers alimentaire. De quoi étaient composées vos assiettes lorsque vous étiez enfant ? À quoi avez-vous été exposé ?

Quelle était l'odeur se dégageant des poêles ? Vos proches cuisinaient-ils ou non ? Réchauffaient-ils des plats ? Est-ce que l'alimentation était secondaire ou était-elle au cœur de vos partages familiaux ? Il y a fort à parier que l'aspect « réconfortant » de l'alimentation, son impact émotionnel, découle de la manière dont vos sens ont été stimulés dans l'enfance.

Le réconfort, en plus d'être une vérité chimique, est une odyssée sensorielle que l'on construit dès les prémisses de notre existence. Et c'est bien sur ce lien entre alimentation et émotions que se fonde le concept de la *comfort food.* Quelle vision du réconfort porte ce curieux courant culinaire ?

Philosophie de la *comfort food*

Même l'Académie française lui consacre une entrée dans son dictionnaire en ligne. En effet, depuis le 4 février 2021, dans l'onglet « Le français d'aujourd'hui », on peut lire l'article suivant : « La France est connue pour la précision de sa langue, pour la beauté de ses paysages, mais aussi pour la richesse de sa cuisine. […] Comment dès lors ne pas s'étonner et s'attrister en voyant que commence à se répandre dans notre langue l'expression *comfort food* pour désigner une cuisine généralement roborative et qui provoque un sentiment de réconfort. Le français a pourtant assez d'adjectifs à sa disposition pour évoquer cette nourriture : ravigotant et revigorant, fondus par la langue populaire dans la forme ravigorant ; ou roboratif, qui signifie proprement "qui rend fort comme un chêne, un rouvre", voire réconfortant. »

Il conviendrait donc dans ce chapitre, d'employer simplement l'expression « nourriture réconfortante » pour décrire les plats généreux qui réchauffent nos âmes en quête de répit. Mais si le terme s'affiche souvent en anglais, ce n'est ni par snobisme ni par mépris du français, c'est parce que l'on doit son émergence à un terreau bien particulier. Si nous avons tous en tête la caresse procurée par un gratin de macaroni, par une soupe phô ou par une paella, l'origine de la *comfort food* demeure tout de même liée aux États-Unis. Les historiens ne s'accordent pas tout à fait sur la toute première utilisation du terme, mais on trouve des occurrences de l'expression dès les années 1970 dans la presse américaine. Souvent, la notion de *comfort food* est utilisée pour parler de la cuisine du Sud et en particulier d'un plat, le *shrimp and grits*, associant des crevettes à un gruau de maïs, confectionné à la maison.

La *comfort food* se définit comme une cuisine populaire, généreuse, accessible à ceux qui ne vont pas au restaurant. Conformément à ce que nous avons déjà évoqué, ses aliments réconfortants sont, bien entendu, synonymes de nostalgie. Riche et souvent assez grasse, la *comfort food* a par la suite été associée à tous les aliments capables de procurer une forme de sécurité affective. Dès les années 1980, les livres de cuisine sur le thème de la nourriture réconfortante ont commencé à se répandre et en contradiction avec l'intention de départ, les restaurants se sont mis, eux aussi, à proposer des plats étiquetés comme tels. Au fur et à mesure, la *comfort food* est devenue une tendance mondiale, un ouragan dans le monde culinaire. Plus l'état du monde nous inquiète, plus on se rassure en faisant mijoter des plats. Chaque pays dessine ainsi une grammaire de la *comfort food*, avec des aliments faciles à consommer comme le curry katsu japonais ou les pâtes italiennes, des plats chauds et fumants comme la soupe de poulet aux nouilles et, plus important encore, des aliments qui rappellent la petite enfance comme les coquillettes au jambon. Si l'enjeu, malgré les 12,2 millions de hashtags sur Instagram, peut paraître anecdotique, il est pourtant plus profond qu'il n'y paraît.

Car si dans notre parcours nous avons déjà mentionné le réconfort nutritif et le réconfort mémoriel, le réconfort sensoriel a ici une autre dimension qui vient encore s'ajouter aux précédentes. Il s'agit d'une forme de réconfort philosophique où le plat lui-même devient une manière de pensée. En résumé, manger un plat réconfortant, c'est avoir des pensées réconfortantes. Nos idées s'accordent à ce que l'on mange. Cette association très présente dans la *comfort food* nous invite à rendre philosophique notre manière de nous alimenter. Or, si aujourd'hui la *comfort food* se caractérise par des excès, sa proposition n'en est pas moins passionnante : ajuster nos plats en fonction des états mentaux que l'on vise.

Parmi les philosophes qui vont s'intéresser à cette question, Nietzsche est un des plus impliqués et des plus captivants. Dans son ouvrage *Ecce homo*, écrit à la fin du XIXe siècle, il nous alerte sur l'importance de la « maîtrise » alimentaire. Très loin du gratin de macaroni et de son confort, Nietzsche est plutôt raffiné et disserte sur la manière de prendre son thé ; il s'observe et, ce faisant, observe les effets de l'alimentation sur son humeur : « Le thé ne convient que le matin. Peu, mais très fort : le thé est très nocif et indispose pour toute une journée quand il est trop faible, ne serait-ce que d'un degré. » Pour lui, il existe une corrélation évidente entre l'estomac et l'esprit. C'est la raison pour laquelle il s'évertue à trier soigneusement tous les aliments qu'il déguste. Il cherche même à nous convaincre que la pesanteur de la civilisation découle de la richesse des mets que nous avalons. La bière, les viandes trop bouillies, les desserts sucrés nous conduiraient à notre perte. Très peu de *comfort food* pour lui ! Au contraire, à trop se remplir, la pensée n'a pas d'autre choix que d'être aussi lourde que le ventre. Dès lors, ce qui est véritablement réconfortant, ce n'est peut-être pas seulement de déguster des plats régressifs qui ravivent notre enfance, mais d'apprendre à s'alimenter en fonction de ce qui est juste pour notre corps et notre esprit. Nous nous faufilons dans le sillage de Kant.

Alimenter nos pensées

Mon morceau de pain trempé dans du houmous est-il moralement acceptable ? La question peut sembler curieuse, c'est pourtant de cette façon que Kant propose d'envisager nos repas. Dans sa philosophie, le réconfort alimentaire est perçu très différemment de ce que nous avons abordé jusqu'à présent. Loin de la glace de Bridget Jones et des choux de Bruxelles de Thierry Marx, Kant envisage le réconfort par le biais de la discipline. Ce qui est réconfortant, c'est de se plier à une discipline optimale. Très concerné par la santé, Kant choisit une hygiène de vie rigoureuse et se fixe de nombreuses règles. Par exemple de ne pas boire excessivement, de parvenir à garder la même température corporelle, de ne pas trop dormir et, surtout, de mettre en place une diététique solide pour prévenir les maladies. À la manière de Nietzsche, il faut accorder son alimentation à ses pensées, mais plus encore, trouver ce qui nous convient et respecter son corps. Prendre soin de ce que l'on mange n'est pas une futilité, mais une exigence morale : « L'attention durable à l'animal en l'homme est un devoir de l'homme envers lui-même », écrit-il dans *Doctrine de la vertu*, la seconde partie de *La Métaphysique des mœurs*. Le réconfort, compris, rappelons-le depuis le début de ce livre, comme ce qui donne du courage, n'est donc pas une régression, ni un « craquage », ni une caresse gustative ou un excès, c'est un régime qui honore notre corps, qui lui permet de fonctionner le mieux possible. Soudain, le raisonnement bouscule ce que nous évoquions jusqu'à présent. Les questions se transforment et imposent une véritable introspection : quels aliments nous font du bien ? Quels aliments garantissent l'éveil de notre esprit ? Quels mets laissent le champ libre à notre moralité ? Le repas comporte un risque, ajoute Kant, celui de perdre notre dignité. On mastique. On avale. On s'empiffre. Et ce faisant, dit-il, on n'honore pas notre qualité d'homme. Remettre de la conscience, c'est donner à notre réconfort alimentaire une noblesse, plus qu'une pulsion de survie. C'est parfois moins savoureux, mais n'est-ce pas aussi plus durable ?

Cependant, une chose manque chez Kant et elle est aussi absente des réflexions que nous avons menées depuis le début de ce chapitre ; car si le réconfort alimentaire est une démarche individuelle, s'il se découvre en s'écoutant, en observant nos réactions, en étant attentifs à nos besoins, il peut aussi se vivre *en commun*. Quoi de plus réconfortant qu'un repas partagé ? Quoi de plus émouvant qu'une table qui nous attend ? Si le réconfort alimentaire est un enjeu physiologique, mémoriel et moral, n'est-il pas aussi un enjeu sociétal ? Au bout du compte, le bonheur ne s'apparente-t-il pas à une grande table avec tout le monde autour ?

Mange, prie, aime

Qu'est-ce que manger à plusieurs ? Qu'est-ce qu'être invité à la table, d'un ami, d'un voisin, d'un étranger ? Qu'est-ce qu'une table ouverte ? Quels symboles portent un déjeuner du dimanche ou un dîner du vendredi soir ? Pourquoi la tristesse et la joie s'accueillent en se retrouvant pour manger ? Quelles fonctions ont les banquets de mariage, comme ceux qui ont lieu après des funérailles ? La « commensalité » est un mot qui désigne le fait humain de partager le repas avec un ou plusieurs hôtes. Selon les cultures et les traditions, des règles plus ou moins strictes régissent ce moment. Cela va de la répartition de la nourriture et celle des places autour de la table à l'heure de la journée à laquelle le repas a lieu, ou encore aux types d'aliments consommés. Manger est un acte individuel mais aussi un acte social, car l'alimentation est un bien commun, et tout groupe humain s'organise d'abord autour de la collecte des ressources alimentaires.

Partager de la nourriture est, dans toutes les sociétés, un moyen d'instaurer une proximité là où, inversement, le refus du partage est un des signes les plus clairs de la distance. C'est la raison pour laquelle les anthropologues ont tant de fois observé nos tables dans l'histoire de l'humanité. La commensalité apparaît ainsi comme l'un des opérateurs les plus puissants du processus social. L'anthropologue britannique Maurice Bloch le résume ainsi : « Le partage de nourriture […] est toujours perçu, d'une manière ou d'une autre, comme le partage de ce qui provoquera, ou du moins maintiendra, une substance commune parmi ceux qui communient ensemble. J'utilise le mot "communier" ici pour évoquer la communion chrétienne, la commémoration du dernier souper, elle-même une transformation de la fête juive de Pâques [...]. Cependant, l'image du partage de repas comme forme de communion est aussi trouvée dans des pratiques beaucoup moins complexes et nobles telles que les repas de famille dans le monde entier, ou même dans la pratique flirteuse de picorer dans l'assiette de l'autre, commune dans les restaurants français et ailleurs, même si cela se fait d'une façon [...] moins ostentatoire ». À travers l'analyse de Maurice Bloch, se dévoile cet autre réconfort, que l'on pourrait qualifier de réconfort d'appartenance. Avoir une place à table, c'est s'immerger dans une communauté humaine. C'est avoir un lieu où l'exil, qu'il soit métaphorique ou géographique, prend fin, le temps au moins de cette mise en commun. Les exemples sont nombreux et l'histoire regorge de récits qui illustrent l'importance de cette table partagée. Le terme « compagnon », qui lui-même donna celui de « copain », signifie littéralement celui qui partage notre pain. Dans cette même perspective, au Cameroun, le jeune enfant ne fait véritablement partie de la communauté qu'à partir du moment où il mange dans la marmite familiale. Partager la même nourriture est un gage d'amitié, de familiarité, et également un gage de confiance, qui sert de base pour sceller des alliances, qu'ils s'agissent de mariages, d'accords commerciaux ou d'accords de paix.

Bien entendu, je sais combien les repas collectifs peuvent être aussi redoutés, craints, voire évités, combien ces instants peuvent être parcourus par des jeux d'autorité ou des conflits. Je ne cherche pas ici à réduire la complexité de cette démarche, mais l'idée que cet espace existe, l'idée qu'on puisse ouvrir notre table et que c'est autour de ce geste que l'on dessine les contours de notre hospitalité est une notion qui me tient profondément à cœur et qu'il me fallait faire apparaître dans ce livre. Cela est d'autant plus essentiel que les repas partagés tendent à disparaître, que les moments passés ensemble, sans intervention numérique, sans accélération des agendas, sont de moins en moins nombreux. Pourtant, dans une société fracturée, où nos oppositions semblent parfois irréconciliables, parvenir à manger ensemble, malgré tous les malgré, c'est toucher du doigt la possibilité d'une paix retrouvée. « Assis côte à côte, écrit Elias Canetti dans *Masse et Puissance*, on découvre ses dents, on mange, mais, même à cet instant critique, l'appétit ne vient à personne de dévorer son voisin. »

Sans doute est-ce pour cela que dans les croyances populaires, depuis la Mésopotamie jusqu'à nos traditions d'aujourd'hui, les funérailles sont associées à des repas. Outre les offrandes comestibles qui entourent parfois le corps du défunt, les repas funéraires célèbrent le passage des morts dans l'au-delà, en même temps qu'ils peuvent jouer un rôle libératoire pour les vivants. En honorant la vie, en trinquant, en dégustant, ceux qui restent réaffirment ainsi leur volonté de continuer à faire famille, à faire société. Manger devient une manière de prier et d'aimer, un réconfort pleinement assumé. Alors qu'importe la crème glacée, si les larmes sèchent et que le chagrin est partagé.

En bref, pourquoi l'alimentation nous réconforte ?

- Parce que l'alimentation permet à notre métabolisme de fonctionner.
- Parce que l'alimentation nous rappelle notre enfance.
- Parce que l'alimentation apaise le stress.
- Parce que l'alimentation nous donne un sentiment d'appartenance.
- Parce que l'alimentation est un moyen de partager.
- Parce que l'alimentation accompagne nos plus grands chagrins.
- Parce que l'alimentation est un temps de partage en commun.

Bibliographie

Maurice Bloch, *Commensalité et empoisonnement*
Hilde Bruch, *Les Yeux et le Ventre*
Claude Fischler, *Les Alimentations particulières*
Emmanuel Kant, *Métaphysique des mœurs*
Claude Lévi-Strauss, *L'Origine des manières de table*

Chapitre 9

L'AMOUR TOUJOURS

Pourquoi l'amour est le plus grand des réconforts ?

« Dire je t'aime au lieu de dire je te désire,
c'est se proposer une tâche infinie. »

Gilles Deleuze

Nous y voilà. Nous sommes sur le point de clore notre périple, peut-être un peu plus prompts à laisser le miracle du réconfort rendre nos vies plus douces, plus lumineuses, plus respirables. Que me reste-t-il à vous dire ?

Il y a cette scène bouleversante dans la série *The Bear* de Christopher Storer que j'ai pris tant de plaisir à regarder. Elle est issue du dernier épisode de la saison 1, sortie en 2022. Le personnage principal, Carmen Berzatto, est un jeune chef prodige qui a déjà exercé à la tête des restaurants les plus renommés au monde. La série débute alors qu'il est de retour à Chicago pour reprendre, à la suite du suicide de son frère, la direction de l'établissement familial, une sandwicherie culte nommée *The Beef.* Loin de son univers prestigieux et rigoureux, Carmy plonge dans un quotidien chaotique. Il doit faire face aux écrasantes responsabilités d'une petite entreprise, au mécontentement d'un personnel récalcitrant et à des relations familiales très tendues. Mais le plus aride pour lui n'a rien à voir avec tout cela, le plus dur, ce qui le ronge, le brûle et l'empêche de pleinement respirer, c'est de devoir continuer à vivre sans avoir reçu de mots d'adieu de son frère. Ce n'est pas seulement sa perte, sa disparition qu'il n'a pas pu empêcher, ni même les années de silence qui les ont séparés, c'est l'absence d'un au revoir, c'est le vide qui pétrifie et qu'il interprète comme la négation même de leurs liens. Leur fraternité, leur enfance, leur passion commune sont étouffées par cet impossible réconfort.

Alors quand, dans l'épisode 8, Carmy reçoit finalement d'un des personnages une petite enveloppe sur laquelle il reconnaît l'écriture de son frère, l'émotion est à son comble. Il refuse de l'ouvrir tout de suite, réalise quelques tâches avec nervosité puis sort fumer une cigarette en tenant l'enveloppe entre ses mains. Lentement, dans un mélange d'impatience et de terreur, il l'ouvre et sort un petit carton sur laquelle est inscrit en anglais : « Balance la sauce. Je t'aime mon frère. » L'expression semble triviale, elle est pourtant fondamentale. Ce « Balance la sauce » est la marque de leur complicité, la phrase que son frère lui répétait sans cesse de son vivant pour l'inciter à prendre des risques, à bouger, à se dépasser, à surmonter, à trouver le courage de continuer. L'écrire sur un bristol au moment de son départ, c'est donc s'ouvrir à une forme de continuité, c'est permettre à l'amour de distiller sa puissance, au-delà même des contours de la mort. En lisant, Carmy sourit, comme si soudain la douleur prenait un autre virage. Si ce papier est un pivot narratif pour le reste de la série, qu'il est inutile de dévoiler ici, il nous fait surtout réfléchir à ce que je cherche à transmettre depuis le début de ce livre. L'ultime réconfort reste et demeurera l'amour qui jaillit sans prévenir, qui se dissimule dans un tableau, dans un projet, dans une pâquerette, dans une amitié longue ou éphémère, dans un éclat de rire, dans un film ou dans un gratin de macaroni.

Au commencement était le verbe, certes, mais ce que raconte ce verbe, ce que raconte notre langage, ce qui glisse dans chacun de nos gestes, dans chacun de nos récits, c'est que nous avons survécu parce que nous avons trouvé les moyens de dire notre amour, parce que nous l'avons préféré à la violence, à la guerre, à la destruction. Chaque fois que nous choisissons de nous aimer nous-mêmes, chaque fois que nous choisissons de faire couple, de faire famille, de faire société, nous faisons triompher la vie. Nous trouvons le courage du réconfort, celui de ne pas se laisser happer par la pulsion de mort. Est-ce qu'au fond j'écris sur autre chose que cela ?

Je ne voudrais pas donner l'impression qu'accorder à l'amour la place solennelle du dernier chapitre est une manière un peu facile de conclure par un consensus bien-pensant. Au contraire, de tous les réconforts que j'ai modestement présentés au fil de ces pages, il est, je crois, le plus ardu, le plus épineux et celui qui, au lieu de nous envelopper, nous demande souvent le plus d'efforts. Il nous emmène bien plus loin que n'importe quelle autre notion. Cependant pour qu'il s'impose, il faut parfois accepter de traverser de difficiles métamorphoses. C'est cela qui m'émeut et me stimule, et qui me force à y revenir dans l'ensemble de mes écrits.

Dans un monde bien différent de celui d'une sandwicherie à Chicago, il existe une histoire qui, je crois, décrit précisément le réconfort que je tente de cerner ici. C'est une des plus vieilles histoires du monde, celle de Gilgamesh, le célèbre roi d'Uruk. Entre le XXIVe et le VIIe siècle avant notre ère, un texte circule au Proche-Orient. Il met en scène la quête d'un roi, Gilgamesh, aux deux tiers divin et un tiers humain, bâtisseur des remparts de la ville d'Uruk vers 2800 av. J.-C. D'abord écrite en sumérien sur des tablettes d'argile, l'épopée est traduite en akkadien, puis dans ses variantes babylonienne, assyrienne, hittite. Quelle que soit la langue, elle raconte comment Gilgamesh tyrannise les hommes de sa cité. Aussi beau qu'arrogant, le roi est un monstre de démesure et de férocité. Inquiets de son comportement, les dieux décident de façonner dans l'argile un double qui lui tiendra tête. C'est ainsi que le sauvage Enkidu arrive à Uruk, déclarant solennellement : « J'y changerai le cours des choses. » C'est dans cette ville qu'il affronte le roi devant une maison nuptiale. Enkidu, l'homme de la campagne, s'oppose à Gilgamesh, le citadin. Le combat est intense mais tourne en faveur d'Enkidu devant lequel Gilgamesh n'a d'autre choix que de se rendre puis de le reconnaître comme roi. Le plus singulier dans ce récit est qu'il ne se termine pas par une morale témoignant de la victoire d'une force sur une autre ; à l'inverse l'affrontement donne lieu à une admiration mutuelle et à une vive amitié. Gilgamesh était seul, injuste et autoritaire, le voici devenu *autre*, proprement humain, par la grâce de la rencontre. Réconforté par Enkidu, il s'apaise et laisse la paix régner dans la cité autant que dans sa vie. Fondamentalement, Gilgamesh est métamorphosé par son lien avec Enkidu. Ou, plus justement encore, il est métamorphosé par l'amour. N'est-ce pas là le sujet ? Le réconfort n'est pas seulement une consolation, il engage la suite, il exige l'action, le courage qui nous pousse à choisir l'humilité et la paix. L'amour lui ouvre un monde plus grand.

Ces deux perspectives n'ont rien à voir. Pourtant, entre le « Balance ta sauce » du frère de Carmy et l'amitié de Gilgamesh et d'Endiku, il y a cette dynamique que je souhaitais observer ici. Je voulais terminer ce livre en montrant ce que l'amour offre et me confronter à ces mots de Maurice Merleau-Ponty qui s'exerce à le définir : « C'est le mouvement par lequel je me suis tourné vers quelqu'un, la transformation de mes pensées et de mes conduites. » Car c'est dans cette transformation que le réconfort opère, dans le changement radical qui se crée en nous lorsqu'on aime et lorsqu'on se sent aimé. Alors c'est vrai, j'entends souvent que l'amour est aride, qu'il est un risque, qu'il brise le cœur, qu'il le vide parfois, il nous bouscule, nous malmène, il nous empêche de dormir, il vient tirer des larmes, il est rempli de manque et de fracas, c'est juste, et il ne s'agit pas ici de nier son intensité. Cependant il me semble qu'on peut toujours naviguer parmi différentes formes d'amour et que si l'une nous fait défaut, une autre prend le relais. Car l'amour n'est pas limité à l'amour amoureux, à l'amour familial, à l'amour amical, à l'amour charnel ou à l'amour spirituel. Il contient mille facettes, autant de modalités possibles qu'il y a de secondes dans nos existences. L'universalité du réconfort qu'il promet tient à la compréhension de sa diversité. À chaque instant, nous avons accès à une forme d'amour possible. En les connaissant, en en prenant conscience, nous pouvons nous y reconnecter, nous pouvons nous laisser transformer. Et si, en guise d'ultime réconfort, nous naviguions ensemble à travers ces variations ?

Tout commence avec l'amour

Il faut imaginer la scène, être capable de la transposer dans la vision contemporaine d'une soirée entre amis. Voici le cadre. Grâce à sa première tragédie, jouée « en présence de plus de trente mille Grecs », le jeune Agathon vient de remporter le concours des grandes Dionysies. Pour fêter son succès, il organise une grande soirée qui se termine en beuverie. Le lendemain, il donne à nouveau une réception, mais cette fois-ci, il choisit de la rendre plus intime, plus calme, ne réunissant autour de sa table que quelques personnalités de renom.

À l'initiative de Phèdre, l'un des convives, chacun est invité, à tour de rôle, à faire un éloge d'Éros, divinité qui, selon Phèdre, n'est pas assez louée. C'est ainsi que débute *Le Banquet*, sans doute l'un des dialogues les plus fascinants de Platon, où l'on entend se succéder tout au long de la nuit des éloges et des discussions sur ce que peut être l'amour.

Pour saisir les paroles échangées dans cet étonnant dîner, il faut revenir sur ce personnage incontournable qu'est Éros, le dieu de l'amour, dont le nom fut si déformé, si caricaturé, qu'on en oublie parfois l'émouvante histoire. C'est Socrate certainement qui en parle avec le plus de force. Dans la mythologie grecque, Éros est le fils de Pénia, la déesse de la Pauvreté, et de Poros, le dieu de l'Abondance. Toujours démuni et mendiant comme sa mère, Éros est inventif et rusé comme son père. Son héritage le pousse constamment à aspirer à ce qu'il ne possède pas. Mais attention, ici, il n'est pas question d'adultère, d'amour volage ou de vouloir « quelqu'un d'autre ». Loin de consommer les relations, Éros est plutôt de ceux qui cherchent à renforcer la qualité du lien. D'abord, il savoure l'amour sensuel, la beauté du corps, puis lorsque les plaisirs de la chair ne lui suffisent plus, il accomplit une douce conversion vers ceux de l'âme, plus intenses et plus durables. Ce qu'il incarne au fond, c'est un crescendo nourrit par la volonté de tendre vers toujours plus de connaissance et d'éternité. Car le seul obstacle d'Éros, c'est la mort, le terrible Thanatos. Alors que faire face à cette peur du néant qui engloutit tout ? Que peut opposer Éros à Thanatos ? C'est ici qu'apparaît le lien entre l'amour et la philosophie. La chair meurt tandis que la pensée perdure et se transmet. Aimer est donc cette expérience inouïe, fascinante, qui loin de nous conduire vers l'abîme nous mène du désir corporel, charnel, érotique au grand ciel des Idées.

Pour y parvenir, il faut être capable d'accueillir Éros, de le reconnaître. Il n'est ni violence, ni souffrance, ni abus, ni jalousie, mais un hommage à la beauté de l'existence, qu'elle se manifeste dans les caresses ou dans la réflexion. « Qui ne commence pas par l'amour ne saura jamais ce que c'est que la philosophie », affirme Platon. Car en amour comme en philosophie, la genèse est la même. Au commencement est l'étonnement, l'éblouissement, la capacité à ouvrir les yeux. Puis, surgit la volonté de comprendre, de rejoindre, d'apprivoiser l'inconnu, d'aller plus loin encore. Ni le découragement, ni les risques innombrables ne parviennent à réfréner cet élan de vie, ce miracle qui nous conduit à user de tout notre courage pour continuer. L'amour est le moteur qui met en marche tout le reste. Éros est donc cet amour désir, cet amour des amants qui pousse à tenter, à découvrir, à investiguer, à se créer et à créer la relation en permanence. C'est une pleine présence bien plus qu'un oubli de soi. Éros ne nous dissout pas. Il est un moteur pour oser ce que nous n'aurions pas osé si nous n'avions pas rencontré l'autre. C'est par sa présence que l'on découvre l'insoupçonné en nous. Le réconfort est ici celui d'un insatiable renouvellement.

« Honorez-vous les uns les autres,
au-dessus de vous-même » – Romains, XII, 10

Cette perception de l'Éros est évidemment une manière, non seulement de réhabiliter l'amour, en lui conférant une place centrale dans nos mécanismes de pensée, mais aussi de le présenter comme un levier et non comme un risque. Néanmoins, cette forme d'amour qui relie le corps des amants pour peu à peu nous emmener vers la philosophie et la réflexion n'est pas la seule manière d'aimer, comme nous l'évoquions précédemment.

Nous avons déjà ici parlé de la *philia*, cet amour amical qui quitte le corps pour rencontrer l'âme. Malgré son importance, il est inutile ici d'y revenir, consacrons-nous plutôt à une forme d'amour plus méconnue que l'Antiquité nous propose d'investiguer et qui est la *storgé*. Moins célèbre que le mythique Éros et que l'élégante *philia*, la *storgé* brille pourtant dans la constellation des sentiments et non seulement nous sommes nombreux à le vivre, mais elle aussi est une source intarissable de réconfort. Littéralement, elle désigne la tendresse que l'on a à l'égard d'un enfant. Le verbe grec qui lui correspond évoque l'idée de chérir, de supporter, d'être là. C'est pour cela qu'il est souvent perçu comme l'amour familial. Car c'est ce type de lien qui se forme souvent entre les parents et leurs enfants, entre les frères et sœurs ou entre les familles de cœur que l'on se choisit au fil de la vie. Quelles que soient les modalités inscrites sur le livret de famille, c'est l'idée d'un amour stable et sûr, qui dure toute une vie, pas tellement parce que l'on partage des aspirations ou des visions communes, mais plutôt parce qu'une indicible solidarité nous relie. Autrement dit, la *storgé*, c'est l'amour de la bande, des gars sûrs, des inconditionnels, c'est l'amour refuge, l'amour château-fort, l'amour indétrônable. C'est en fin de compte, l'amour de ceux qui en dépit et en deçà de tous nos choix sont en mesure d'y répondre en nous soutenant. Cette forme n'est pas moins puissante que l'amour amoureux, pas moins importante que l'amitié, elle répond simplement à un autre type de liens, celui qui dépasse les clivages, le temps, les âges, les désaccords, les conventions, pour ne se résoudre à rien d'autre qu'à la tendresse.

Et c'est peut-être lorsqu'on a connu, au moins une fois dans sa vie, l'une de ces trois variations que sont l'*éros*, la *philia* et la *storgé* que l'on peut s'ouvrir à l'une des plus bouleversantes variations de l'amour, qui cette fois prend le nom d'*agapè*.

L'*agapè* n'est pas centrale chez Platon ; elle est plutôt mobilisée dans le Nouveau Testament où elle désigne l'amour divin et l'esprit de charité. Ni amant, ni ami, ni parent, elle représente l'amour des autres, de tous les autres. Dans la Bible latine, *agapè* est traduit par *caritas*. Lorsque l'apôtre Jean enseigne que « Dieu est amour », c'est d'un amour charitable et inconditionnel qu'il s'agit. En somme, parce que Dieu nous aime, nous pouvons puiser dans son *agapè* et nous aimer les uns les autres. C'est l'injonction biblique par excellence et, pourtant, il me semble qu'elle va bien au-delà d'un contexte religieux. Nous sommes indéfectiblement attachés aux individus qui nous entourent, aux inconnus dans la rue, aux yeux que l'on croise, aux âmes qui habitent la Terre. C'est aussi la perspective d'une forme de « communion universelle » qui provoque des émotions insoupçonnées et qui, dans des cas extrêmes, permet le dépassement. C'est ainsi qu'on fait preuve d'une inventivité insensée dans le cas de sauvetages collectifs ou d'événements extraordinaires. Souvent, les circonstances sont tragiques, certes, mais des chaînes de solidarité se mettent en place et on déploie une époustouflante créativité qui se meut en un réconfort dépassant toutes nos espérances et nos projections. Cette *agapè* rejoint l'expression « l'amour du prochain ». Le philosophe danois Kierkegaard explique que l'amour du prochain, c'est l'amour authentique, celui qui renonce à la logique de « prédilection » pour se diffuser parmi tous les hommes. Car le prochain, c'est vous, c'est moi, c'est eux, c'est tout le monde. L'amour du prochain n'est pas quelque chose qui se justifie. Il est sans raison, sans raison en l'autre, sans raison en moi-même. Il exige de ne pas aimer autrui parce qu'il nous ressemble, mais simplement parce qu'il est. Saint Augustin le traduit en ces termes : « Je t'aime, je veux que tu sois. » Or, aimer un être, c'est reconnaître qu'il existe autant que nous. C'est l'un des défis les plus difficiles qu'il nous est donné de réaliser. Mais c'est aussi le plus fondamental. Car ressentir l'amour de son prochain, c'est projeter un immense éclat de lumière sur nos ombres les plus épaisses. C'est une aventure tumultueuse et puissante, c'est une grandiose impertinence qui vient compléter toutes les autres formes d'amour.

Éros, philia, storgé, agapè, ces quatre types d'amour sont tous aussi nécessaires, tous aussi louables, et c'est dans ces différentes variations que nous cheminons tous au cours de nos existences. L'amour change, évolue, s'ajuste, il se rencontre sous une forme, disparaît sous une autre, mais il réconforte toujours, car même au cœur de la nuit, il se rend disponible sous l'une de ses apparitions si tant est que l'on veut bien la voir.

« To die by your side is such a heavenly way to die » – The Smiths

J'ai voulu dans ce livre collecter tout ce qui me donnait courage, tout ce qui me donnait envie de continuer. Depuis des années désormais, j'écris à l'aube ce qu'il y a dans ma tête. J'essaye d'être la plus juste et la plus honnête possible. Comme nous tous, beaucoup de choses me traversent, des centaines de milliers d'images, de souvenirs, d'impressions fugitives. Des fragments épars de mes journées, de conversations attrapées au vol, de savoirs absorbés et digérés. Cependant, pour être tout à fait sincère, il y a une pensée, une perspective qui ne me quitte jamais et peut-être est-ce la seule vérité indubitable que je concède sans tergiverser. Les faits sont là : nous allons mourir, nous allons perdre ceux qu'on aime. Cette parole m'habite sans cesse, elle s'immisce dans mes joies, dans mes peines, dans mes fatigues, dans mes décisions. Est-ce que l'on peut se réconforter de cela ?

Je me projette souvent dans cette fin, dans cette ultime fin. Le jour où la nuit envahira tout, où les organes tireront leur révérence, où la peau s'abandonnera à la flétrissure. Le jour où il n'y aura plus de week-end à prévoir, plus de *to-do list* à honorer, plus de combats à mener, plus de territoires à conquérir. Que restera-t-il ? Il est inutile d'y être pour le savoir. Tout sera balayé. Tout sera effacé. Toutes nos vanités, nos rancœurs, nos défaillances, tous nos défis, nos progrès et toutes nos erreurs seront dilués dans une perfusion qui alimentera nos derniers soupirs. Ce qui demeurera vivace derrière nos rétines, ce ne sont pas nos salaires, nos possessions, nos vengeances. J'ai la certitude que ce sera l'amour. Fugace ou quotidien. Ce qui restera, ce sont nos premiers baisers, nos retrouvailles, nos nez nichés contre le cœur des êtres aimés. Ce qui restera, c'est l'odeur de nos corps enlacés, la chaleur d'une main qui tient la nôtre, les soirs d'amitiés et les tempêtes traversées en commun. Ce qui restera, ce sont nos amours, nos parents, nos bébés, nos amis, nos amants, nos frères, nos sœurs, nos adorés. L'amour est la seule puissance, la seule conviction qui nous offre le pouvoir de l'éternité. Je crois que c'est ce j'avais envie de rappeler ici. Alors à défaut de sauce, j'avais envie de balancer de l'amour et j'avais surtout envie de vous serrer dans mes bras.

Marie, juillet 2024.

Remerciements

Quelle singulière traversée que l'existence. Avec ses calmes plats, ses houles, ses tempêtes, les voiles qui se déchirent, les longs moments d'errance, les couchers de soleil et les aubes salées.

Et ce long voyage, je suis profondément heureuse de ne pas le faire en solitaire, comme ces marins qui n'ont que les mouettes pour interlocuteurs.

Je bénis le hasard du ciel de m'avoir offert le plus beau des équipages, un capitaine et des équipiers, des moussaillons et des matelots, des passagers au long cours et des pirates embarqués. Je ne suis pas de ceux qui savent tenir le cap sans être accompagnés, je suis incapable de résister aux bourrasques sans pilotes sur qui m'appuyer. Et même si, parfois, j'ai envie de me planquer dans la cale et d'attendre que la tourmente passe, je mesure ma chance d'avoir des voix, des mains, des regards qui, eux, savent reprendre la barre.

Il en faut du temps pour apprendre à s'entourer, pour aimer et le dire. Il en faut du courage pour perdre pied et se faire aider, pour trouver sa juste place, son poste d'observation, pour définir ses forces et ses défaillances. Mais quand on y parvient, alors, aucune terre ne semble inaccessible, aucune odyssée impossible. Alors qu'importent les sirènes, la puissance des vagues, l'audace du vent ou l'ardeur des rochers. Qu'importe le voilier ou le radeau, si on sait avec qui le partager.

Merci.

À mes parents, pour l'ampleur de leur amour.

À mon frère, pour le socle fondateur qu'est notre complicité.

À mon Coco et mon Sebasky, pour incarner mieux que quiconque la précieuse storgé.

À Jess, pour prendre soin, avec tant de justesse, de ce que j'ai de plus important dans la vie.

À Amanda, Ioana et Sophie, pour leurs bras dans lesquels je retrouve toujours mes esprits.

À Cédric, de m'avoir emmenée au bout du monde et au bout de Paris.

À Barbara, pour redresser ma chair et mon esprit.

À Émeline, pour notre complicité au-delà de toutes les mers.

À Nina, pour nos solidarités mystérieuses et nos défis.

Remerciements

À Lia, pour l'avenir qui porte en lui tous nos passés.

À Jessica, pour ses ressentir et sa fidélité.

À Laurent, Audrey, Mathis et Noé pour l'idéal qui s'incarne.

À Coline, pour nos évidences, nos confiances et pour l'amour qui se vit.

À Marianne et Morgan, pour leur amitié et leur rigueur qui offre tant de fluidité à nos journées.

À Caro, pour son sourire aussi radieux que sa Cité.

À Fella, pour l'énergie qui marque les destins.

À nos équipes, pour me rappeler ce que l'admiration signifie.

À Susanna, pour nos cafés cachés et pour cette folle odyssée.

À Sophie et à tous les Flammarion, pour le réconfort joyeux d'appartenir à une Maison.

À Claire et Augustin, pour vos yeux et vos soins.

À mes lecteurs et les participants de mes ateliers, qui quotidiennement m'ouvrent leur cœur et agrandissent mes pensées.

À James, mon émerveillement.

À Alex, mon mensch pour la vie.

Table

NORD COMPO
multimédia

Composition et mise en pages
Nord Compo à Villeneuve-d'Ascq

Imprimé en France par CPI
en septembre 2024

Dépôt légal : octobre 2024
N° d'édition : 634360-0
N° d'impression : 180888